#DigitalLeadership

Markus Klimmer · Jürgen Selonke

#DigitalLeadership

Wie Top-Manager in Deutschland den Wandel gestalten

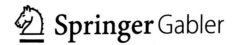

Dr. Markus Klimmer
Berlin, Deutschland

Jürgen Selonke
Deutsches Institut für Vertrauen und
Sicherheit im Internet (DIVSI)
Hamburg, Deutschland

ISBN 978-3-662-50532-8   ISBN 978-3-662-50533-5   (eBook)
DOI 10.1007/978-3-662-50533-5

Die Deutsche Nationalbibliothek verzeichnet diese Publikation in der Deutschen
Nationalbibliografie; detaillierte bibliografische Daten sind im Internet über http://
dnb.d-nb.de abrufbar.

Springer Gabler
© Springer-Verlag Berlin Heidelberg 2017

Redaktion: Afia Asafu-Adjei

Projektleitung: Afia Asafu-Adjei, Deutsches Institut für Vertrauen und Sicherheit im
Internet; Peter Pfannes, Accenture GmbH

Lektorat: Dr. Gabriele Schmid

Gedruckt auf säurefreiem und chlorfrei gebleichtem Papier

Springer Gabler ist Teil von Springer Nature
Die eingetragene Gesellschaft ist Springer-Verlag GmbH Berlin Heidelberg
Die Anschrift der Gesellschaft ist: Heidelberger Platz 3, 14197 Berlin, Germany

Geleitwort Roman Herzog

Seit dem Jahr 2012 begleite ich das Deutsche Institut für Vertrauen und Sicherheit im Internet als Schirmherr. Angesichts des programmatischen Titels, der Unabhängigkeit und der Neugier, mit der das DIVSI-Team ans Werk geht, und angesichts der Ernsthaftigkeit, mit der die Deutsche Post als Stifter das Institut auf die Beine stellte, schien mir mein eigenes Engagement eine gute Investition zu sein.

Anfang 2015 hat DIVSI-Direktor Matthias Kammer mir ein Projekt vorgestellt, das mich wegen der darin angedachten vielfältigen Facetten sofort fasziniert hat. Das Ergebnis dieser Arbeit halten Sie in den Händen: „#DigitalLeadership". Ein Buch über Leadership in unserer zunehmend digitalisierten Welt, das in der Art seiner Realisierung für unser Land beispiellos ist.

Ich gehöre nicht zu denen, die behaupten, das Internet sei für die meisten von uns noch Terra incognita. Wie gut viele sich inzwischen auf diesem Terrain bewegen, zeigen die DIVSI-Grundlagenstudien zu den Milieus der Internetnutzer. Unverändert jedoch stellt das weiterhin exponentielle Wachstum der Anwendungen in der Netzkommunikation uns vor komplexe Aufgaben. Das gilt privat wie beruflich. Die Entwicklung hat längst auch ein Überdenken strafrechtlicher und zivilrechtlicher Normen mit sich gebracht. Hier hat das DIVSI durch wissenschaftlich basierte Studien Pionierarbeit geleistet, oft schon dadurch, dass es diese bislang kaum ausgeleuchteten, aber für unsere Rechtsordnung fundamentalen Grundsatzfragen einem breiten Publikum verständlich dargelegt hat.

Das hier vorliegende Buch ist keine Studie. Die Texte haben keine wissenschaftliche Legitimation. Gleichwohl ist es dem DIVSI gelungen, wiederum ein Feld auszuleuchten, das bislang vollständig im Dunkeln lag. Erstmals wird die Perspektive der Vorstandsvorsitzenden großer deutscher Firmen auf Fragen im Zusammenhang mit der Digitalisierung offengelegt: Was treibt sie um? Welche Chancen und Herausforderungen stellen sich für sie persönlich? Welche Unsicherheiten haben sie?

Insgesamt konnten sich die Autoren mit 31 Persönlichkeiten aus Wirtschaft, öffentlichem Sektor und Gewerkschaft unterhalten. Freimütig, offen und gut vorbereitet haben die Interviewten Stellung bezogen.

Breiten Raum nimmt der Bereich Personal ein. Hier wird exemplarisch eine der besonderen Problematiken deutlich, die sich im Kontext mit der Digitalisierung ergeben. Diese Entwicklung wird nach Ansicht zahlreicher Experten Arbeitsplätze kosten. Wie stehen die Verantwortlichen der Unternehmen zu diesen Warnungen? Können sie ihrer Belegschaft Alternativen anbieten, damit diese unbesorgt in die Zukunft sehen dürfen?

DIVSI hat sich mit dem hier vorgelegten Buch, das ohne die Mitwirkung von Accenture nicht entstanden wäre, auf ein neues Feld begeben. Ich habe mich darüber gefreut, dass diese Idee so viele und so prominente Unterstützer gefunden hat. Wenn wir im weltweiten Wettbewerb um Fortschritt und Wachstum nicht ins Hintertreffen gelangen wollen, brauchen wir mehr an solchen und vergleichbaren Aufklärungsarbeiten, wie sie das Hamburger Institut leistet.

Das hier vorliegende Buch reiht sich hervorragend in die Kette der bisherigen Veröffentlichungen des DIVSI ein.

Heilbronn, Deutschland   Roman Herzog
im September 2016   Bundespräsident a.D.

Geleitwort Jürgen Gerdes

Das vorliegende Buch bietet Besonderheiten, die eine Hervorhebung verdienen. Aus erster Hand erfahren wir, mit welchen Konzepten Entscheider aus Wirtschaft, öffentlichem Sektor und Gewerkschaft ihre Unternehmen und Organisationen auf die nächste Stufe der digitalen Revolution vorbereiten. Zugleich gewähren sie uns intime Einblicke in ihren persönlichen Umgang mit den täglich wachsenden Angeboten der neuen Technologien. Darüber hinaus wagen sie einen Ausblick, welche weiteren Entwicklungsschritte uns alle erwarten. Ich kenne kein vergleichbares Werk, sowohl was die Prominenz der Interviewpartner als auch die Intensität der Auseinandersetzung mit diesem Thema angeht, das für unser aller Zukunft mitentscheidend ist.

Diese Arbeit wäre ohne das erhebliche Engagement der Protagonisten, die hier zu Wort kommen, nicht möglich gewesen. Sie alle haben etliche Stunden in ausführliche Gespräche investiert und Fakten offenbart, die üblicherweise einem kleinen Kreis von Insidern vorbehalten sind. Für mich ist die intensive Beteiligung der Befragten ein Beleg dafür, welche Bedeutung sie dem Thema beimessen. Und dass sie großes Vertrauen in die Macher dieses Buches gesetzt haben. Ohne dieses Vertrauen wäre die Offenheit, in der die Gespräche geführt wurden, nicht denkbar gewesen.

Besonders froh und dankbar bei der Entstehung des Buches waren und sind wir für die erneute und hochwirksame Unterstützung des DIVSI-Schirmherrn Alt-Bundespräsident Professor Roman Herzog.

Im Rahmen der CeBIT 2011 habe ich das Deutsche Institut für Vertrauen und Sicherheit im Internet der Öffentlichkeit vorgestellt. Das DIVSI, dessen Forschungsarbeit über die Fachwelt hinaus Aufmerksamkeit und Anerkennung findet, ist eine gemeinnützige Gesellschaft der Deutschen Post. Das Institut sollte und soll den Dialog zu mehr Vertrauen und Sicherheit im Internet mitgestalten und mit neuen Aspekten beleben.

Mit „#DigitalLeadership" ergänzt das DIVSI jetzt seinen Themenkreis um einen weiteren wichtigen Mosaikstein. Vorsichtshalber sei darauf hingewiesen, was das Buch nicht leisten kann: Es kann nicht die Zukunft vorhersagen, nicht einmal für die nächsten Jahre. Aber wir können beschreiben, wie sich die deutsche Wirtschaft auf die unmittelbare digitale Zukunft vorbereitet, auf

Grundlage einer sorgfältigen Erkundung in den hiesigen Chefetagen.

Ich wünsche Ihnen viel Vergnügen bei der womöglich überraschenden und sicherlich erkenntnisreichen Lektüre.

Bonn, Deutschland
im September 2016

Jürgen Gerdes
Mitglied des Vorstandes
Deutsche Post DHL Group

Inhaltsverzeichnis

31 sehr persönliche Geschichten — Versuch einer Sichtung

Zusammenfassung Dieses Kapitel versucht eine subjektive Einordnung der über 30 Interviews. Gab es am Anfang des Prozesses noch Verweise an CIOs oder Chefdigitalisierer, so zeigte sich bald, dass die deutschen CEOs sich das Thema Digitalisierung im Laufe der Zeit zu eigen gemacht haben. Aus der Distanz eines Beraters analysiert Markus Klimmer die vielfältigen Anforderungen an CEOs, die sich in den Gesprächen gezeigt haben. Geschäft und Technologie zusammenzudenken und daneben noch Personalthemen stärker in den Fokus zu nehmen: Um all das hinzubekommen, haben sich die Interviewten schnelle Wege zur Herstellung von Beurteilungssicherheit der Digitalisierung gesucht. CEOs, die sich von jüngeren Mitarbeitern coachen lassen, Gründung von Start-ups und eine ganz undeutsche Lust am Ausprobieren sind nur einige

© Springer-Verlag Berlin Heidelberg 2017   **1**
M. Klimmer und J. Selonke, *#DigitalLeadership,*
DOI 10.1007/978-3-662-50533-5_1

Beispiele. Im weiteren Verlauf geht es auch um den Einfluss von Verwaltungs- und Aufsichtsräten sowie die Wege zum Bau neuer digitaler Geschäftsmodelle, ohne die analoge Welt außer Acht zu lassen. Wie schafft man es, neue Mitarbeiter zu gewinnen, in alten Strukturen oder eben auch fernab derselben? Die Rolle des Mittelstandes als potenzielle Schnellboote wird analysiert bzw. die Frage, welche Rolle Gewerkschaften in der Digitalisierung der Unternehmen und Institutionen spielen können. Hier stellt sich auch die Frage, wie ein Umsteuern in allen Bereichen innerhalb unseres korporatistischen deutschen Modells funktionieren kann.

Der Reiz, bei 31 CEOs durch das Schlüsselloch zu schauen und Digitalisierung aus der Chef[1]-Perspektive zu diskutieren, liegt in den sehr persönlichen, individuellen Geschichten. Wann sonst hat man Gelegenheit, so intensiv hinter die Kulissen zu blicken – und darüber auch noch schreiben (oder lesen) zu dürfen? Dennoch erkennt man jenseits der Einzelporträts Muster, interessante Trends, Sichtweisen, Typen etc. Diese wollen wir in Form einer Management Summary voranstellen. Und zwar nicht mit der Absicht der Verallgemeinerung oder der vollumfassenden Auswertung der Gesprächsleitfäden oder der vollständigen Betrachtung aller Themenfelder, sondern als

---

[1]Aus Gründen der besseren Lesbarkeit wird im Text nur die männliche Form verwendet. Gemeint ist dennoch stets sowohl die weibliche als auch die männliche Form.

Zusammenfassung der aus unserer Sicht interessantesten Erkenntnisse und Einsichten. Wir verzichten in diesem Teil bewusst weitgehend auf Beispiele und Zitate, um keine namentliche Zuordnungsdebatte zu bestimmten Gruppen, Typen oder Trends zu starten. Wir wollen nur das zur Diskussion stellen, was wir an interessanten, verallgemeinerungsfähigen Aussagen im Team sehen. Man kann sich durch die Lektüre der persönlichen Geschichten eine unabhängige Sichtweise hierzu bilden.

Nicht zuständig? „Fragen Sie meinen CIO"

31 persönliche Interviews, die oft eineinhalb oder zwei Stunden und mehr dauerten. Doch bevor es dazu kam, haben wir fast doppelt so viele Gesprächspartner, ausnahmslos CEOs, angefragt. Das war im zweiten Quartal des Jahres 2015. Mehr als 20 % baten uns, das Gespräch mit ihrem CIO zu führen. Begründung: Nicht zuständig. Zuständig sei der CIO. Das hat uns im Team dann doch erstaunt. Denn es waren in der Regel keine Anfragen „ins Blaue", sondern an meist persönlich bekannte CEOs. Verbunden mit einer persönlichen Ansprache durch Altbundespräsident Herzog. Kleine Nachforschungen und Rücksprachen ergaben: Das war kein Abwimmeln, das waren keine Vertröstungen, sondern die ehrlich gemeinte Antwort: Digitalisierung ist ein IT-Thema, dafür gibt es eine zuständige Abteilung. Wenn wir ein vertieftes Verständnis der Digitalisierungsstrategien der Unternehmen und Organisationen haben wollten, dann würden wir das

für uns ergiebigste Gespräch eben mit „dem Fachmann" (Frauen als CIO gab es in keinem dieser Fälle) führen. Das war ein ehrlicher und gut gemeinter Rat.

Im Team hat uns das doch sehr an vergangene Diskussionen im öffentlichen Sektor erinnert, lange ist es her (hoffentlich). Da hießen die IT-Verantwortlichen noch „Automationsbeauftragte". Und die Aufgabe der Beauftragten war es, bestehende Abläufe so gut es eben geht zu automatisieren. Auf keinen Fall schien das eine Führungsaufgabe zu sein. Das legte auch die Eingruppierung der Automationskräfte nahe. Und nun sollte es in deutschen Unternehmen mit der Digitalisierung so weitergehen wie mit der „Automation" der Verwaltung früher? Und das im Jahre 2015? Einfach bestehende Abläufe digitalisieren?

Interessanterweise war keine der Interview-Absagen aus dem öffentlichen Sektor gekommen. Darüber hinaus lässt sich leider kein Muster erkennen: quer durch die Branchen, quer durch Konzerne oder Mittelständler, quer auch durch die fachlichen Werdegänge der CEOs. Sie alle einte wohl die ehrlich gemeinte Zuständigkeitsvermutung.

Doch zuständig: Digitalisierung als Chefsache

Digitalisierung ist Chefsache geworden – daran ließ keiner unserer Interviewpartner einen Zweifel. Das hat uns nach den Absagen unter Verweis auf den CIO dann doch sehr positiv gestimmt. Das Gesprächsinteresse war enorm, viele meldeten sich auch von sich aus. Alle waren hervorragend vorbereitet. Ein Ablesen von Sprechzetteln gab es nicht. Die Gespräche waren von Empathie geprägt, tief reflektiert und authentisch. Wir verspürten auch eine große Neugierde, was die anderen CEOs zu sagen hatten, wie sie sich dem Thema nähern, was Erfolg versprechende Ansätze sind. Wir haben einen unbedingten Willen gespürt, das Thema in allen Facetten zu durchdringen und in Bezug auf die eigenen Geschäftsmodelle und Wettbewerbssituationen zu verstehen. „Das kann ich als Chef nicht delegieren" – so oder so ähnlich hat es nahezu jeder Gesprächspartner formuliert. Die Arten, das Thema aufzunehmen, waren jedoch sehr unterschiedlich.

Herbst 2015 – Die Chefs greifen zu

Zunächst die Fakten: Wir haben die Interviewanfragen in mehreren „Wellen" gestartet, jeweils um die zehn bis fünfzehn pro Welle. Die Erfahrungen „vor dem Sommer" und „nach dem Sommer" waren in einem Punkt frappierend: Nach dem Sommer haben wir keine einzige der neuen Interviewanfragen mit dem Verweis „Fragen Sie meinen CIO" abgelehnt bekommen. Es gab Verweise auf „quiet periods" von neuen Vorstandsvorsitzenden, Ablehnungen mit dem Hinweis auf generelle Kommunikationsleitlinien oder auch die Fokussierung von CEOs auf nur ein oder zwei Themenbereiche in der öffentlichen Kommentierung. Aber die Zuständigkeitsverweise auf CIOs waren nach dem Sommer 2015 völlig verschwunden.

Wir sind im Team geneigt, da einen Trend zu erkennen. Die Diskussionen in Medien und Öffentlichkeit, in Politik und Gesellschaft – Digitalisierung war und ist auf einmal überall. Die Vehemenz, mit der das Thema Digitalisierung im Jahr 2015 diskussionsbeherrschend wurde, ist natürlich und offensichtlich auch an CEOs nicht vorbeigegangen. Digitalisierung ist kein Hype mehr, sondern im Kerngeschäft angekommen. In der zweiten Jahreshälfte griffen alle Chefs zu, wollten sich das Thema zu eigen machen, es verstehen und durchdringen. Und sie begannen, ihren Gestaltungsanspruch zu formulieren.

„Business and Technology" – Beides muss man als Chef zusammendenken können

Traditionell waren deutsche CEOs „vom Fach": Ingenieure in der Automobilindustrie und im Maschinenbau, Pharmakologen und Mediziner in der Pharmaindustrie, Softwareingenieure in der IT. Das Bild ist heute nicht mehr so einheitlich. Juristen kamen oft über das Thema Compliance hinzu, Vertriebler dort, wo es um den Aufbau neuer Kanäle ging. Vor allem kamen zu Zeiten des Shareholder Value aber CFOs an die Spitze von Unternehmen. Führungskräfte mit Hintergründen in der Unternehmens-IT gibt es ausgesprochen selten. Bei unseren Gesprächspartnern waren es nur zwei. Jede Zeit bringt also ihre eigenen CEOs hervor. Und die Digitalisierung?

Immer wieder wurde in den Gesprächen die Notwendigkeit der Rolle eines CDO, also Chief Digital Officer, beschrieben. Die Rolle des „klassischen" CIO im Sinne eines Chief Information Officer sei ohnehin im Wandel. Vom Chief IT Officer über einen CIO als Chief Innovation Officer über einen CTO (Chief Technology Officer) eben hin zu einem CDO. Das sind nun sehr viele Officers in nur einem Satz. Rückblickend auf die Gespräche ist damit die Notwendigkeit gemeint, die IT und Technologie näher ans Geschäft zu bringen – und das Geschäft näher an die Möglichkeiten von IT und Technologie heranzuführen. In Zeiten der Digitalisierung wird die Kluft zwischen Geschäft und Technologie als besondere Herausforderung beschrieben. Es ist eben schwierig, Leuten, die aus der IT kommen, das Denken in Geschäftsmodellen und Geschäftsmöglichkeiten beizubringen, sie zu ermuntern, mit dem Wissen um die Möglichkeiten von Technologie und Digitalisierung auf die Geschäftsseite zuzugehen und gemeinsam neue Pfade zu entwickeln. Und den Führungskräften auf der Geschäftsseite mangelt es oft an technologischem Verständnis oder/und dem Willen, ihre Geschäftsmodelle mit den Kenntnissen der technischen Möglichkeiten weiterzudenken. Und für viele KPI-orientierte Führungskräfte aus den Konzernfinanzorganisationen kann sich das als doppelte Herausforderung stellen.

Der CEO kann die gemeinsame Sprache definieren, gemeinsame Koordinatensysteme, in denen Fachseite und IT zusammenkommen. US-amerikanische CEOs, gerade im Silicon Valley, haben hierfür oft das digitale Kundenerlebnis als Leitprinzip ausgegeben.

Einige unserer CEO-Gesprächspartner haben sich selbst sogar als neuen CDO definiert, also der CEO als neuer CDO. Unabhängig davon ist es aber eine gewaltige Führungsaufgabe, die Kluften zwischen IT/Technologie/Digitalisierung und Geschäftsseite zu überwinden und nach vorn neue Karrieremodelle zu entwickeln und zu etablieren. In einer Person beide Welten abgebildet zu bekommen ist trotz der Ingenieurshintergründe für viele Führungskräfte in Deutschland eine offensichtlich schwierige Aufgabe. Aber egal ob der bisherige CIO oder bisherige CEO der neue CDO ist: Für sämtliche Führungskräfte gilt die Notwendigkeit, breiter aufgestellt zu sein und sich auch ein technologisches Beurteilungsvermögen anzueignen. „Business and Technology" – das muss im Digitalen CEO zusammenkommen. Entweder in einer Person oder aber über ein gezielt komplementäres Umfeld, was in den Gesprächen u. a. als „digitales Ökosystem" um den CEO herum beschrieben wurde.

„Business" und „Human Resources": Idealerweise können die Chefs das auch noch

Finanzen sollen die Chefs können, Shareholder und Stakeholder Management auch, bella figura machen, Visionär und Rollenmodell sein. Sie sollen, wie ausgeführt, als Digital CEOs „Business and Technology" zusammendenken können. Und am besten jetzt auch noch „Human Resources".

Warum? In unseren Gesprächen rangierte das Thema „Human Resources" in etwa gleichauf mit Technologie. Digitalisierung fördert Diversity – Diversity fördert Digitalisierung. So lautet die einfache Zusammenfassung eines Gesprächspartners. Das, was an Talenten und Fähigkeiten gebraucht wird, findet sich nicht oft in einer Person. „Technology AND Business", so wie oben beschrieben, ist nur der eine Aspekt. Es geht aber um viel mehr: Supply Chain, User Experience, Service Design, Daten und Analytics … Es würden uns noch viele Digitalisierungs-Anglizismen zur Fortsetzung der Liste einfallen. Und um dort hinzukommen, bedarf es sehr viel stärker als in der Vergangenheit oder im heutigen Tagesgeschäft innovativer Teamansätze. Nicht nur einzelne Fähigkeiten werden neu gebraucht, sondern eine Integration neuer Fähigkeiten auch in bestehende Teams. Bisherige Silos zusammenbringen ist schon eine gewaltige Herausforderung – aber im schnell drehenden Digitalisierungskontext das alles auch noch mit den „neuen Kreativen" zusammenzubringen, dabei die richtige Balance zwischen Assimilation, Integration und bewusster Distanz zu finden, das ist auch eine besondere Herausforderung für Führungskräfte. Und diese „diverse" Masse dann gemeinsam in Bewegung zu halten und auch noch in die richtige Richtung zu bringen, das ist die große Führungsherausforderung von Digitalisierung jenseits technologischer Lösungen.

Diversität meint in diesem Kontext so ziemlich alles: Interdisziplinarität, Leute mit und ohne Abschluss, Frauen und Männer, Junge und Erfahrene, egal welche sexuelle Orientierung, mit und ohne Krawatte, Multikulti. Und auch: nichtdeutsche Talente, deren gemeinsame Sprache Englisch ist.

„Chefsache Digitalisierung" bedeutet also auch „Chefsache HR". Viele unserer Gesprächspartner haben das so beschrieben. Das hat Konsequenzen für ihre Führungsstile, oder es wird eben diejenigen mit entsprechenden Kompetenzen in der Karriere begünstigen. Chefs müssen es aber auch nicht alles selbst können. Sie müssen allerdings massiv in das Thema HR investieren: Das muss in die Köpfe und das Handeln der Führungskräfte hinein. Und das wird auch nicht immer klappen. Dieses massive Veränderungsprogramm begünstigt Unternehmen und Organisationen (und auch CEOs), die das Thema HR schon immer tief verankert hatten. Die anderen müssen es lernen. Gute Aussichten für HR-Talente, die in nicht wenigen Unternehmen ja oft auch eher belächelt wurden.

Turbo gefragt: Die kreativen Wege zur Beurteilungssicherheit

Auch wenn es 31 sehr individuelle Wege gibt, das Wissen und die Beurteilungsfähigkeit und -sicherheit zu erhöhen, so zeigen sich doch auch immer wiederkehrende Muster. Das vielleicht wichtigste ist der Turboeinstieg, den viele unserer Gesprächspartner gewählt haben.

- **Chefsache Kick-off – der Turboeinstieg in die Digitalisierung:** Viele unserer Gesprächspartner haben einen Turboeinstieg ins Thema gewählt. Sie haben groß angelegte Projekte gestartet, die das Wissen und die Ideen der Belegschaft möglichst umfassend einbringen und die Organisation durch einen „Kick-off" in die Digitalisierung mobilisieren sollen. Die Chefs haben sich in ihrem Terminkalender Zeit dafür genommen, meist weit mehr als einen Arbeitstag pro Woche. In einigen Fällen waren diese Turbo-Projekte sogar weiter gefasst: als Fragestellung, was Digitalisierung für die Branche, die Region, den Arbeitsplatz der Zukunft, für die Hochschulen und die Institutionen des dualen Ausbildungssystems bedeutet. Immer wieder fiel dabei das Wort „Diversität" in Bezug auf die Kernteams – sowohl im Hinblick auf Studium, Gender und Hierarchie als auch auf Altersgruppen. Ja, es ist wohl das Äußerste passiert: Einer hatte „sogar eine Kommunistin" im Team. Und er war begeistert. Diese Turboeinstiege haben offensichtlich nachhaltig Wirkung gezeigt: Man hat in den Unternehmen breites „Alignment" hinbekommen, eine tragende Welle auch für die Chefs. Auch für Digitalisierungsnovizen haben sich klare Bilder der kritischen Fragen, der Lösungsräume, der Veränderungstreiber ergeben. Sie sprechen authentisch und überzeugend über das Thema. Und es hat ihnen auch die Sicherheit für Positionierungen jenseits des Unternehmens gegeben, oft sogar verbunden mit entsprechenden PR-Strategien. Und warum auch nicht? Die digitale Positionierung eines Unternehmens oder einer Organisation wird auch und gerade durch die öffentliche Wahrnehmung der Führungskräfte bestimmt. Für viele der Team-Mitglieder war und ist der Turboeinstieg auch ein Karriereturbo geworden. Sie sind oft die digitale Avantgarde, die noch auf Jahre hinaus tonangebend sein wird.

- **„Digitales Ökosystem" um sich herum organisieren:** Auch ohne Turboeinstieg haben viele den Weg gewählt, eine Art „digitales Ökosystem" um sich herum zu etablieren. „Bei Technik gibt es keine Hierarchie", darauf wies einer der CEOs hin – dies scheint aber Leitgedanke der meisten Gesprächspartner zu sein. Alle haben Wege gefunden, Formate zur Durchbrechung von gängigen Hierarchien zu etablieren. Dies waren oft formelle oder auch weniger formelle Fokusgruppenformate, gezielte Einzelgespräche mit Wissensträgern in der Organisation, gezielte Projekte zu Einzelfragen, gemeinsame Workshops mit Zulieferern. Dies ist oft verbunden mit dem Abbau hierarchischer Elemente: Großraumbüros auch für Vorstände, Krawatte ablegen, Dresscode Casual, Duzen statt Siezen. Hier scheint sich selbst in Großkonzernen oder bei mittelständischen Patriarchen ein rasanter Kulturwandel abzuzeichnen.
- **„Reverse Coaching":** Oft gibt es ein informelles „Reverse Coaching" durch Digital Natives. Dies können ausgewählte junge ITler oder Seiteneinsteiger aus Start-ups sein. Oftmals sind es auch die eigenen Kinder oder Enkel – gerade im familiären Umfeld ist vielen klar geworden, dass die Zeit des Kokettierens mit IT-Ignoranz vorbei ist.
- **Start-up-Geschäftsmodelle analysieren:** Ganz typisch ist die eingehende Analyse von Start-up-Geschäftsmodellen. Es gehört fast zur täglichen Lagebesprechung: Was gibt es Neues, entstehen neue Wettbewerber, in

welche Modelle wird investiert ... Im Stab oder der Strategieabteilung ist das bei vielen Gesprächspartnern als Aufgabe fest verortet.

- **Kunden zuhören:** Viele Gesprächspartner hatten und haben dies sowieso institutionalisiert. Aber das Thema Digitalisierung ist oft der Anlass für ein groß angelegtes Besuchsprogramm bei Kunden. Dies wird gern auch als Teamansatz gewählt: Verschiedene Führungskräfte mitnehmen und dem direkten Kundenfeedback aussetzen, das bringt nach Meinung der Gesprächspartner nachhaltige Veränderung. Um die Dimension zu illustrieren: Einige Gesprächspartner sprachen von einer dreistelligen Anzahl von persönlichen Kundenterminen pro Jahr. Also ein wirkliches Mammutprogramm.

- **Labor Berlin:** Viele Gesprächspartner haben eine Außenstelle in Berlin. Dies kann ein Digital Lab, ein Start-up-Center, ein Kooperationsprojekt mit Hochschulen oder schlicht eine kleine Stabsstelle in Berlin-Mitte oder Prenzlauer Berg sein. Aber es spielt eine wichtige Rolle für die Chefs, dem Thema näher zu kommen. Sie wollen am gefühlten Puls der Zeit sein und Ideen und Talente dort aufspüren, wo sie sind. Sie sind regelmäßig in Berlin, manche jede Woche, andere einmal im Monat. Dies wird jedoch nicht von allen geteilt. Manche CEOs wollen innovative Leute nahe an der Zentrale haben, ob in München oder auf der Schwäbischen Alb.

- **Digitalisierung haptisch erleben:** Für viele ist es ganz wichtig, immer wieder im Silicon Valley selber vorbeizuschauen. Auch wenn einige Gesprächspartner dies als Managementtourismus abtaten, so ist doch das quasi

haptische Erleben von Digitalisierung und die besondere Atmosphäre des Valley integraler Bestandteil der
persönlichen Digitalisierungsstrategie. Dazu gehört
auch, dass in dieser Phase der Digitalisierung Messen
und Konferenzen als Trendmesser und -weiser so wichtig sind, dass die Chefs selber kommen.

- **Ganz undeutsch: die neue Lust am Ausprobieren.**
  Einfach mal probieren, pilotieren, einfach mal Natives machen lassen: Das ist das Credo vieler Gesprächspartner. Sie lernen im und durch das Projekt, in der
  Auseinandersetzung mit den Teammitgliedern (oft
  in Berlin, oft fernab der Linienorganisation). Lernen
  durch Experimentieren ist ein wichtiger Bestandteil des
  „Aufschlauprogramms".

- **Spielen Berater gar keine Rolle?** Auf Basis unserer
  Gespräche müssten schwere Zeiten für Unternehmensberater anbrechen. Denn sie wurden fast gar nicht
  genannt, wenn die Frage nach dem „Aufschlauen"
  gestellt wurde. Vielleicht hat dies auch mit dem Autorenteam zu tun. Und die Chefs wollten nur vermeiden,
  offen in ein Interview zu gehen und mit einem Bera-
  tungsprojekt rauszukommen. Wir haben sehr bewusst
  darauf verzichtet, auch nur den Anschein eines Ver-
  kaufsgesprächs aufkommen zu lassen, und wir haben
  in keinem Fall in diesem Sinne nachgefasst. Dennoch
  scheint es keine generelle digitale Kompetenzvermutung
  bei Management Consultants unter unseren Gesprächspartnern zu geben.

Der Blick von ganz oben: Aufsichts- und Verwaltungsräte

- „Zu viele Senioren in Aufsichtsräten der Dax-Firmen" – so titelte die „Welt" im Wirtschaftsteil während der Hauptversammlungs-Saison 2015. Bei vielen großen DAX-Firmen liegt das Durchschnittsalter der Kontrolleure nach Untersuchungen der Regierungskommission Deutscher Corporate Governance Kodex um die 70 – und das ist nur dem im Vergleich jugendlichen Durchschnittsalter der Arbeitnehmerseite in den Aufsichtsräten mit knapp über 50 zu danken.

- Einige unserer Interviewpartner haben „den Blick von ganz oben" im Kontext Digitalisierung explizit thematisiert. Alles, was wir über CEOs in den Interviews erfahren haben, stellt sich angesichts der Altersstruktur der Aufseher als noch größere Herausforderung im Aufsichtsrat dar. Die Personalauswahl des Top-Managements erfolgt jedoch hier – und die Personalberater der Aufseher haben diese oft ebenfalls schon lange begleitet. Müssten wir nicht auch noch viel stärker über die Befähigung der Aufsichtsorgane und der sie beratenden Executive-Search-Firmen (und dort insbesondere der „Doyens") nachdenken?

- Eingangs haben wir den vehementen Führungswandel im Agieren des Top-Managements und das Aufkommen neuer Führungstypen beschrieben. Dieser rasante Wandel geschieht auch, weil das Top-Management täglich nah dran an den Entwicklungen ist. Wir sind in das heikle Thema nur vereinzelt tiefer eingetaucht, aber drei Themenbereiche nehmen wir mit:

- Bei unseren Interviewpartnern im Top-Management geht es um das „Aufschlauen" und den Aufbau von Bewertungssicherheit der Digitalisierung – bei den Aufsichtsgremien und ihren Personalberatern dagegen geht es vor allem um das „Aufschlauen" und den Aufbau von Bewertungssicherheit über veränderte Führungsanforderungen und -profile in der Digitalisierung. Wer sich hier nicht sattelfest macht, lässt sich leicht von vermeintlich „coolen" Auftritten, Storys oder Äußerlichkeiten leiten. Die Bewertungsfähigkeit wirklicher Substanz ist die große Herausforderung. Den Aufsichtsgremien hierbei zu helfen sollte die große Aufgabe der Executive-Search-Berater sein.

- Das „Coaching" bestehender Aufsichts- und Verwaltungsräte wird ergänzt werden müssen durch eine neue Welle von Neuberufungen: jünger, weiblicher, diverser. Das passt auch in die Zielsetzung der Regierungskommission Corporate Governance. Die Welle neuer Frauen in die Aufsichtsräte ist eine große Chance, den Wandel zu beschleunigen.

- Nicht wenig überraschend weisen die Gewerkschafter unter unseren Interviewpartnern auf die aktive Rolle der Arbeitnehmervertreter in den Aufsichtsräten in Fragen der Digitalisierung hin. Und auf die Rolle der Betriebs- und Personalräte mit ihrem regen Austausch zwischen den Unternehmen. (Weiter unten gehen wir ausführlicher auf die neue Rolle der Gewerkschaften ein: „Vom Interessenvertreter zum Vermittler zum

Consulter".) Unsere Unternehmen haben eine große Chance, wenn die Gewerkschaften dieses neue Rollenverständnis auch in die Aufsichtsorgane tragen. Die hochprofessionellen Aus- und Weiterbildungsprogramme für Aufsichtsräte der Arbeitnehmerseite könnten zu einer erheblichen Beschleunigung der digitalen Bewertungssicherheit „ganz oben" beitragen.

Geschäftsmodelle: Die Angst vor der Kannibalisierung

Es gibt viele Untersuchungen zu digitalen Geschäftsmodellen, zu Digitalisierungsdefinitionen, zu Digitalisierungsreifegraden von Branchen und Ähnlichem mehr. Dies wollen wir hier nicht doppeln. Wir wollen herausarbeiten, was CEOs aktuell im Hinblick auf Geschäftsmodelle umtreibt. Und das sind derzeit ganz besonders fünf Leitgedanken oder -fragen, in absteigender Priorität:

- **Kannibalisierung versus Vorreiter?** Niemanden lässt diese Frage kalt. Soll man gutes laufendes Geschäft riskieren, nur um mit ungewissem Ausgang das Neue zu pionieren? Ist man zu früh dran? Riskiert man Profitabilität und generiert hohe Kapitalkosten, ohne dass dem gleich nennenswerte Umsätze entgegenstehen? Wie den Übergang meistern? Kann man das neue Geschäft mit den bisherigen Leuten überhaupt machen?
- **Experimente versus Scheitern?** Wir konnten eine neue Lust und auch einen Mut zum Experiment in den

Gesprächen konstatieren. Dies scheint derzeit durch Größenbegrenzungen von Experimenten unter Kontrolle. Selbst wenn das Experiment schiefgeht, kann man es noch immer unter Erfahrungszuwachs verbuchen. Auf jeden Fall helfen die Experimentalsituationen enorm beim Kompetenz- und Erfahrungsaufbau. In vielen Fällen hilft dies auch, um die eigenen Kontrollorgane an das Thema und die Herausforderungen heranzuführen. Für großflächige Investitionsentscheidungen taugen „Trial and Error"-Vorgehensweisen jedoch nicht. Dies führt nahtlos zur nächsten Leitfrage:

- **Experimente versus „richtig ranklotzen"?** Stehen nennenswerte Investitionsentscheidungen mit Gremienbefassungen an, dann reicht das Experiment nicht. In vielen Fällen hat der Mut zum Experiment die Beurteilungskompetenz von neuen Geschäftsmodellen jedoch so gestärkt, dass der Mut zum „richtigen Ranklotzen" logisch darauf folgt. Und das ist im Zweifelsfall immer noch schneller als die oft zitierte deutsche Gründlichkeit.

- **„Greenfield" versus „Brownfield"?** Wie soll man mit den neuen Geschäftsideen und -feldern umgehen – soll man sie organisch im Unternehmen entwickeln, das Unternehmen heranführen und dann einen Gang zulegen, also „Brownfield"? Oder eben doch die oft zitierten schnellen Beiboote herunterlassen, Neues aufbauen und irgendwann das Alte integrieren, abstoßen oder sogar austrocknen lassen? Intuitiv geht die Argumentation oft in Richtung „Greenfield". Interessant fanden wir aber, dass unsere Gesprächspartner aus Branchen mit langer Digitalisierungshistorie eher einen „Brownfield"-Ansatz gegangen sind, zumindest jedoch einen Mischansatz wählten. Die Musikbranche bzw. ihre noch erfolgreichen Mitglieder sind ein gutes Beispiel hierfür. iTunes und Vinyl müssen kein Widerspruch sein.

- **Datenschutz als Bremsklotz versus Datenschutz als Chance?** Aus unseren Gesprächen ergeben sich vier Dimensionen: 1) Als Chance für Geschäftsmodelle, denn wer das Thema ernst nimmt, der erhofft sich Vertrauen und Zuspruch der Kunden. 2) Als große Herausforderung für die eigene IT-Sicherheit in Bezug auf Unternehmens- und Kundendaten. Insbesondere unsere Gesprächspartner im öffentlichen Sektor und die Finanzdienstleister wiesen hierauf als eine der großen Baustellen hin. 3) Als Schere im Kopf der Führungskräfte, denn wer immer zuerst an den Datenschutz denkt, der denkt nicht innovativ und mutig genug über neue Geschäftsmodelle nach. Das bedeutet nun nicht, den Datenschutz-Gedanken zu vernachlässigen, sondern das Problem dann zu lösen. Aber eine Vielzahl unserer Gesprächspartner wies darauf hin, dass die ewige Datenschutzdiskussion das Denken vieler Führungskräfte in neuen Lösungen verenge, dass Organisationen dadurch ihr Innovationspotenzial nicht ausnutzen und dass dies denjenigen zu viel Raum lasse, die sowieso das Spiel langsam machten. 4) Als Appell an den Gesetzgeber in Deutschland und auf europäischer Ebene, eindeutige Regeln zu schaffen, an die sich dann alle Marktteilnehmer halten müssen – auch diejenigen mit amerikanischem Firmensitz.

Sämtliche Gesprächspartner waren hierzu sehr reflektiert, es gab keinerlei pauschale Datenschutzschelte oder Jammern über den Standort Deutschland.

„Kuratoren" der Digitalisierung: Warum neue Geschäftsmodelle alte Tugenden und „analoge" Kernkompetenzen brauchen

Wer als langjähriger Berliner in den Start-up-Zirkeln unterwegs ist, der hört öfter als ihm lieb ist das Wort „Kurator" bei der Beschreibung von neuen Geschäftsmodellen. Ob Design, Mode, Heimwerkerbedarf, Viktualien, Reisen oder, oder, oder: alle wollen „Kuratoren" sein. Gemeint ist damit wohl die Mittler- und Leitfunktion zwischen Konsumenten und dem unstrukturierten, unübersichtlichen und oft auch unzuverlässigen Datenwust des WWW. Dies ist natürlich in erster Linie für Business-to-Consumer (oder auch Consumer-to-Consumer)- Plattformen relevant. Deutschlands Stärke, das wurden unsere Gesprächspartner nicht müde zu betonen, liegt aber in den industriellen Prozessen, nicht auf der Kundenseite. Trotzdem hatten wir viele Gespräche, die sich um Content als Geschäftsmodell drehten: Nachrichten, redaktioneller Content, Musik, Wetter ... Wer als Kurator erfolgreich sein will, dem müssen die Werte Glaubwürdigkeit, Unabhängigkeit und Unbestechlichkeit zugeschrieben werden. Wer in der analogen Welt diesen Ruf hat, der hat auch hervorragende Aussichten in der Digitalisierung. Darum ist tagesschau.de wichtiger als Google News. Auch wenn die Tagesschau aus regulatorischen Gründen kein „Geschäft" im Internet machen darf, zeigt sie doch beispielhaft die Wichtigkeit „alter Tugenden" als Basis für Erfolg in der Digitalisierung. Beispiele aus der Musikwelt belegen auch: Wer sich auf die Kernkompetenz der Entdeckung und Entwicklung von Talenten und Künstlern besonnen hat, hat als Plattenlabel überlebt. Mehrere Gesprächspartner berichten – für uns überraschend – über die neue Zukunft von Filialkonzepten und Einzelhandel: Weil sie frühzeitig auf die glaubwürdige Beratungskompetenz gesetzt und entsprechend in die Auswahl, Ausbildung und auch adäquate Bezahlung kompetenten Personals gesetzt haben. Funktionierende analoge Kernkompetenzen über den Haufen zu werfen ist für sie keine Antwort auf Digitalisierung. Auch Digitalisierung braucht „Kuratoren" – oder ganz altmodisch auf den Punkt gebracht: Vertrauen, Glaubwürdigkeit, Beratung.

Wenn Digitalisierung ein alter Hut ist: Banken und Medien

„Herbst 2015 – Die Chefs greifen zu", so lautet ja eingangs eine Zwischenüberschrift. Ist Digitalisierung denn wirklich ein so neues Phänomen? Viele unserer Gesprächspartner argumentieren überzeugend, dass das Thema für ihre Branche „ein alter Hut" sei. Online-Banking galt als erste Killer Application bei Online-Dienstleistern. Mehr als zwei Jahrzehnte sind seither vergangen, verbunden mit einem radikalen Umbau im Filialgeschäft. „Free Content" im Netz ist schon lange die Herausforderung für Verlage und Redaktionen. Das Musikgeschäft wurde erst durch Tauschbörsen und dann durch iTunes vom Kopf auf die Füße gestellt. Viele traditionsreiche und stolze Labels haben das nicht überlebt. Für Führungskräfte aus diesen Branchen ist Digitalisierung also keine Entwicklung der letzten 18 Monate, sondern sie begleitet eigentlich schon ihre gesamte Karriere als Führungskraft. Alle haben sie sehr individuelle Angänge für sich und ihre Unternehmen gefunden, aber sie alle eint:

- Sie haben eine gewisse Gelassenheit. Keiner von ihnen hyperventiliert beim Wort Digitalisierung.
- Keiner von ihnen macht den Eindruck, vorschnell einem Hype zu erliegen.
- Sie sind alle davon überzeugt, auch mit analogen Geschäftsmodellen gute Geschäfte machen zu können. Sie sind aber auch davon überzeugt, dass dies nur gelingt, wenn ausreichend in innovative analoge Geschäftsmodelle investiert wird und sogar neue kreiert werden.
- Auffällig ist, dass sie eigentlich kaum zwischen analogen und digitalen Geschäftsmodellen unterscheiden. Über diese Kategorisierung sind sie schon hinaus.
- Und es gibt lang andauernde, erfolgreiche Karrieren an der Spitze dieser Unternehmen. Personelle Kontinuität ist vielleicht und gerade auch zu Zeiten der Digitalisierung ein Erfolgsfaktor. Übrigens sind die meisten „vom Fach", also keine CFOs oder in besonderer Weise IT-affine Manager. Aber sie haben sich ein Umfeld an Mitarbeitern geschaffen, das ihnen ermöglicht, jederzeit „nah dran" zu sein an den digitalen Entwicklungen.
- Alle haben es auf ihre Weise geschafft, die Unternehmen „zusammenzuhalten". Am Ende kommt es doch auf engagierte und erstklassige Mitarbeiterinnen und Mitarbeiter an – erfolgreiche CEOs haben diesen oft tief greifenden\

Wandel selbst gestaltet und viel Zeit und Engagement auf das Mitnehmen der Belegschaft verwandt.

Hype und Atemlosigkeit müssen also nicht das Markenzeichen erfolgreicher Manager zu Zeiten der Digitalisierung sein. Und die Branche von der Pike auf kennengelernt zu haben scheint auch nicht zu schaden.

Standortfaktor Mensch – Wie die Digitalisierung klassische Standortfaktoren überwindet

Berlin, Köln, Hamburg: Hier sind die kreativen Digital Natives. Vielleicht sind sie noch in Leipzig, wenn es um Gaming geht. Vielleicht in München, wenn es um klassische IT geht. Aber wir wollen hier nicht dem Hang zur politischen Korrektheit erliegen und alle deutschen Ballungsräume aufzählen. Wenn wir unseren CEOs zuhören, dann ist es Berlin. Der Standort Berlin wird mit vielen Adjektiven bedacht: kreativ, international, hip, digital, brodelnd, jung, kraftvoll … Es gibt kaum einen Gesprächspartner, der nicht regelmäßig in Berlin ist. Die meisten Unternehmen haben inzwischen Berliner Kreativniederlassungen gegründet. Die wesentlichen Beweggründe sind durchweg ähnlich:

- **Näher dran sein:** Alle Interviewpartner eint die Zielsetzung, mit den Berliner Büros und Niederlassungen „näher dran" sein zu wollen am digitalen Puls, kreative Impulse für das eigene Geschäft bekommen zu wollen.

Viele haben auch die Hoffnung, das eigene Top- und mittlere Management durch Besuche in der Hauptstadt mit kreativen Ideen und ungewöhnlichen oder sogar gewöhnungsbedürftigen Mitarbeitern zu „challengen" und so aus der bestehenden Komfortzone herauszureißen. Für viele CEOs ist das Berliner Büro gleichsam das Trittbrett in die Berliner Kreativszene. Sie lassen sich durch die Mitarbeiter vor Ort herumführen, lernen andere Start-ups kennen, werden in einigen Situationen sogar selbst als Gründer, Mitinvestor oder Business Angel aktiv. In diesem Kontext sind die Berliner Niederlassungen wichtige Bezugspunkte für die CEOs, sich selbst näher an das Thema „dran" zu bringen und authentischer zu verstehen, was gerade passiert. Sie brauchen das als quasi haptisches Erlebnis und lernen dadurch mehr als durch Lesen, Markt-Research oder Kundengespräche. Sie wollen aber auch „näher dran" sein an potenziell für sie relevanten Führungskräften und frühzeitig Ausschau halten nach ihnen. Es geht also auch darum, das eigene Unternehmen am Markt für künftige neue Führungskräfte zu positionieren oder sogar darüber hinaus für ein neues Mitarbeiterpotenzial insgesamt.

- **Weiter weg sein:** Das klingt wie ein Widerspruch, aber für viele unserer Gesprächspartner ist das „weiter weg sein" genauso wichtig wie das „näher dran sein". Viele sehen einen enormen Vorteil in der räumlichen Entfernung zum Mutterschiff. Denn sie wollen von der kreativen Kraft profitieren, sie wollen Experimentierfelder für neue Ideen und Geschäftsfelder schaffen, sie wollen ungewöhnliche Talente an ihr Haus binden. Die

Gefahr ist für sie viel zu groß, dass genau dies durch das Zulassen von zu viel Nähe erstickt wird. Sie wollen das Mutterhaus mit neuen Ideen und Herausforderungen infizieren, aber nicht die Quer- und Neudenker der Ansteckungsgefahr der „Normalität" aussetzen.

Aber auch in der Einschätzung ihrer Berliner „Satelliten" sind sich die Führungskräfte erstaunlich einig: Dauerhaft muss es mehr sein als ein ungesteuerter Kreativsatellit. Es muss ganz klar der Unternehmensentwicklung dienen, also in irgendeiner Weise auch in die klassischen Unternehmensprozesse eingebunden sein. Dazu werden sie auch in den Unternehmenszentralen zu sehr kritisch beäugt. Dennoch will zu diesem Zeitpunkt keiner unserer Interviewpartner auf das Berliner Kreativzentrum verzichten oder es vorschnell „eingemeinden", auch wenn man sich des Spannungsverhältnisses sehr bewusst ist.

Unsere Interviewpartner teilen trotz des Berlin-Hypes durchweg die Einschätzung, dass sie erfolgreich in der Rekrutierung relevanter „digitaler Talente" auch jenseits von digitalen Metropolen sind und selbst in entlegenen Regionen dies kaum als Hemmnis empfinden. „Pull"-Führung und Unternehmenskultur sind gefragt – CEOs verstehen ihre Rolle selbst als Öffner, Veränderer und „Wegebner" für neue Talente in ihren Unternehmen. Die Attraktivität für „digitale Talente" wird gleichgesetzt mit der Attraktivität für Führungskräfte oder Arbeitgeberattraktivität insgesamt. Wer als Arbeitgeber insgesamt attraktiv ist und bei den Themen Personalmarketing, Personalrekrutierung und Personalentwicklung überzeugt, der ist auch für die kreativen neuen Talente interessant als

Arbeitgeber. Wir haben jedenfalls an vielen „entlegenen" Betriebsstätten ein ähnlich kreatives, junges, brodelndes Umfeld erlebt wie am Prenzlauer Berg. Attraktive Arbeitgeber sind auch attraktive digitale Arbeitgeber.

Für Berlin und andere Kreativregionen stellt sich die Herausforderung, mehr zu werden als der digitale Vorkoster von Unternehmen und stärker in die Wertschöpfungskette hineinzuwachsen. Dies könnte z. B. durch die Ausrichtung von Forschungseinrichtungen und Hochschulschwerpunkten geschehen oder durch Ansätze, stärker in die Produktion hineinzuwachsen. 3D-Druck eröffnet hier ganz neue Möglichkeiten. Aber unsere Interviewpartner begreifen sich mehrheitlich nicht als wirtschafts- und standortpolitischer Ratgeber für den Großraum Berlin. Sie belassen es beim Aufzeigen des Potenzials und halten sich mit Maßnahmenvorschlägen an die Politik zurück.

Wo bleibt der Mittelstand? Wendige Schnellboote versus verlängerte Werkbänke. Und: Digitalisierung ist nur einer von vielen Treibern von Veränderung

Brodelnd, flink, junge Teams, kreativ, atemberaubend schnelle Gespräche … Nein, wir reden nicht über Berlin. Wir reden über unsere Interviews mit mittelständischen CEOs. So schnell kann man gar nicht mitschreiben, wie die Ideen sprudeln, wie Anregungen aufgenommen werden und aus einem Interview ein gegenseitiges Challengen und Weiterdenken und -entwickeln entsteht. Und genau in dieser Schnelligkeit und Wendigkeit sehen unsere mittelständischen Gesprächspartner ihren Vorteil bei der Digitalisierung.

Zu unterscheiden ist allerdings zwischen den Mittelständlern vom Typ Weltmarktführer und „Hidden Champions" und reinen Zulieferern im Sinne von verlängerten Werkbänken sowie kleineren Mittelständlern von wenigen Hundert Mitarbeitern. Hier sind sich alle Gesprächspartner einig, Gewerkschafter wie Manager: Wenn das Geschäft läuft, haben sie keine Zeit für Digitalisierung. Und wenn nicht, dann haben sie kein Geld dafür.

Einig sind sich die Gesprächspartner aber auch in der Bejahung einer aktiven Verantwortung für diese Unternehmen. Die Gewerkschafter beschreiben ihre aktive Rolle durch die Vernetzung und Schulung von Betriebsräten, Funktionären, aber auch einfachen jungen Mitgliedern. Die Manager beschreiben Aktivitäten über Clusterbildung in ihren Regionen, Digitalisierungspartnerschaften mit regionalen Hochschulen, Berufsakademien und Berufsschulen – Letztere vor allem, um unternehmensübergreifend digitale Inhalte und Impulse über das duale Berufsausbildungssystem in Kleinunternehmen und kleinere Mittelständler zu transportieren.

Einige unserer Gesprächspartner sehen Digitalisierung nur als einen Treiber von radikaler Veränderung neben anderen, ebenso relevanten. Erwähnt wurden unter anderem Bionik, Oberflächenforschung, DNA-Entschlüsselungen, neue Werkstoffe. Dabei wollte keiner das Thema

Digitalisierung kleinreden, sondern darauf aufmerksam machen, dass sie schon seit langem mit rasend schnellen Veränderungstreibern umgehen müssen und ihre Organisationen darauf ausgerichtet haben.

Die Grenzen des Modells Deutschland: Die Herausforderung des Umsteuerns in allen Dimensionen

Unser deutsches, korporatistisches Modell funktioniert bei planbaren, auf Mehrjahreszeiträume angelegten Transformationen. Darauf wiesen ausnahmslos alle Gesprächspartner hin. Dann kann man mit Gewerkschaft und Personalvertretung einvernehmlich agieren oder einen gangbaren Konsens finden. In mehreren Interviews kamen allerdings Fragezeichen auf, inwieweit das „Modell Deutschland" in der Digitalisierungsära taugt oder wie belastbar es zu Zeiten rasanter, großflächiger Veränderung ist. Unter anderem wies man darauf hin, dass der digitale Wandel in den Belegschaften nicht einmal mit der Stahlindustrie von früher vergleichbar sei, denn es geht nicht um Sanierung und Rückbau, sondern um zeitgleichen Umbau aller Unternehmensbereiche/-funktionen: Wie viel hält ein Unternehmen aus? Einige Gesprächspartner sprachen sogar von einem fast vollständigen Austausch der Belegschaften in kurzer Zeit. Kriegen wir das hin? Bei denselben Personen zeigt sich eine gewisse Scheu, mit den Gewerkschaften auf Unternehmensebene in einen Dialog darüber einzutreten. Viele vermuten die Gewerkschaften als Problem des schnellen Umbaus, wenige haben wirklich den offenen Dialog begonnen. Ist das ein reales oder ein vermutetes Problem? Hinzu komme, dass Digitalisierung keine Landesgrenzen kenne – und digitale Chancen eben dort am ehesten realisiert würden, wo der Umbau des Unternehmens am raschesten erfolgen kann.

Dies steht in einem gewissen Widerspruch zu den positiven, ja oft euphorischen Grundeinstellungen unserer Gesprächspartner zu Deutschlands Chancen in der Digitalisierung. Vielleicht ist es eine gewisse Unsicherheit, wie man als Führungskraft das alles hinkriegen soll. Vielleicht ist es der als riesig empfundene, aber im Einzelnen noch kaum beschreibbare oder überschaubare Veränderungsbedarf, verbunden mit dem Gefühl, das erst mit den Gewerkschaften thematisieren zu können, wenn man den Zielzustand sehr viel genauer beschreiben kann. Vielleicht ist es aber auch schlicht die Tatsache, dass man das offene Gespräch mit den Gewerkschaftsspitzen noch gar nicht gewagt hat. Denn in unseren Gesprächen mit eben jenen Gewerkschaftsführern wurde uns klar: Die denken oft noch sehr viel weiter – weil sie über einzelne Unternehmen oder Organisationen hinausdenken müssen, weil sie ein großes Ganzes vor Augen haben müssen. Und sie haben die Antworten eben auch noch nicht gefunden. Aber sie sind dabei, für sich und ihre Organisationen ein neues Rollenverständnis zu entwickeln.

Die neue Rolle der Gewerkschaften: Vom Interessenvertreter zum Vermittler zum Consulter

Einschränkend gilt: Wir haben nur mit zwei Gewerkschaftsführern gesprochen. Aber beide sind sicher nicht ganz unmaßgeblich in der deutschen Gewerkschaftsbewegung. Wenn das die Speerspitze des Denkens ist, dann sind die sich daraus bietenden Chancen für unsere Unternehmen enorm. Wir sprachen mit Vordenkern sowohl für die zukünftige Organisation ihrer Gewerkschaften als auch die zukünftige Ausrichtung von Unternehmen in der Digitalisierung – und auch für die Setzung gesellschaftlicher und politischer Rahmenbedingungen. Zwei Themenschwerpunkte sind hervorzuheben:

- **Den Mittelstand vorantreiben:** Gerade bei kleinen Mittelständlern steht oft die Auftragsfertigung im Vordergrund. So richtig Zeit, Geld und Management-Fokus auf Digitalisierungsthemen gibt es bei vielen dieser Unternehmen nicht. Durch die Vernetzung und Schulung von Gewerkschaftsmitgliedern und insbesondere betrieblichen Interessenvertretern kann und soll der Anstoß zu rechtzeitigem neuem Denken in diesen Unternehmen gerade auch seitens der Gewerkschaften erfolgen, als neue „Consultingfunktion".
- **Digitalisierung von oben gestalten:** Von oben, das heißt eine aktive Rolle in den Aufsichts- und Verwaltungsräten einzunehmen, das Thema nicht nur in Bezug auf Geschäftsmodelle, sondern auch in Bezug auf

neue Aus- und Weiterbildungsaspekte zu denken. Hier ist sicherlich hilfreich, dass das Durchschnittsalter der Arbeitnehmervertreter in den Aufsichtsräten über ein Jahrzehnt unter dem der Anteilseignerseite liegt.

Und eine persönliche Beobachtung zum Schluss: Als Autorenteam haben wir selber immer wieder das Problem mit den Anglizismen. Wie damit umgehen in der deutschen Sprache? Letztlich müssen wir konzedieren: Wer über Digitalisierung reden und schreiben will, der muss in einem gewissen Maße auch mit Anglizismen umgehen. Keines unserer Interviews und keiner unserer Interviewpartner war davon frei. Und das gilt auch und insbesondere für unsere Gespräche mit Gewerkschaftsführern. Hier gibt es keinerlei sprachliche Berührungsängste mit Management- und Digitalisierungsanglizismen. Die Beschreibung der neuen Rolle von Gewerkschaften als „Consulter" von Management und Unternehmen ist die bewusst gewählte Bezeichnung des Gesprächspartners. Wir haben sie beibehalten.

Kleine Umsätze – riesige Bewertung: Sind innovative Geschäftsmodelle in „alten" Unternehmen weniger wert?

Vor dem Start unseres Interviewprojekts war dies eine durch viele Vorgespräche gestützte These. Interessanterweise spielte das dann keine wirkliche Rolle, obwohl wir in jedem Gespräch die Frage explizit verprobt hatten. Wir gingen von der Hypothese aus, dass neue Ventures in großen Unternehmen oft nur unter Kostengesichtspunkten betrachtet werden. Dass die Finanzierung aus internen Investitionstöpfen schwerer ist als über Venture Capital und Börsengänge von Start-ups mit kleinen Umsätzen, geringen Profitabilitäten bei hoher Fantasie über zukünftige Potenziale. Dass innovative Geschäftsmodelle verhältnismäßig wenig zur Steigerung der Bewertungen klassischer Unternehmen beitragen, zumindest gemessen am Wert von typischen Start-ups.

Es ist nicht einmal so, dass uns die Interviewpartner hier widersprochen hätten. Es ist schlicht kein Thema auf ihrer Agenda. Auch das ist eine Erkenntnis.

Industrie 4.0 braucht Government 4.0? Leider folgt den Autoren niemand in dieser Einsicht

Noch so ein Thema, bei dem die Interviewpartner den Autoren einfach nicht folgen wollten. In vielen Vorgesprächen war es für uns klar: Industrie 4.0 braucht Government oder Verwaltung 4.0. Denn: Wie wollen wir die klinische Forschung der Pharmaindustrie in Deutschland behalten, wenn unsere Universitätskliniken bei Analytics, Big Data und Vernetzung der Gesundheitsregionen hinter US-amerikanische oder asiatische Metropolen weiter zurückfallen? Wie wollen wir die Genehmigungsprozesse für Investitionen drastisch verkürzen, ohne demokratische Prinzipien zu verletzen? Wie wollen wir den Markt für digitale Verwaltungsdienstleistungen in Deutschland entwickeln und sicherstellen, dass unsere Hightech-Konzerne einen attraktiven Heim-Markt haben? Die Liste dieser Fragen ist lang und könnte beliebig weitergeführt werden. Aber wir wollen hier ja berichten, was unsere Gesprächspartner wichtig finden. Nicht das, was uns treibt.

Zugegeben, die Hintergründe des Autorenteams in der Beratung des öffentlichen Sektors mögen hier den Wunsch als Vater des Gedankens haben. Wir sind überzeugt davon, dass die Schere in der Digitalisierung zwischen Privatwirtschaft und öffentlichem Sektor nicht noch weiter aufgehen darf, ohne den Standort Deutschland für „Industrie 4.0" zu gefährden. Es scheint für das Tagesgeschäft und für die Herausforderungen der Digitalisierung schlicht kein Thema unserer CEOs zu sein. Der öffentliche Sektor ist für die meisten CEOs bei der Digitalisierung scheinbar nicht systemrelevant. Vielleicht haben wir durch missionarischen Eifer im Gespräch den einen oder die andere von der Richtigkeit überzeugen können. Aber das war es dann auch schon. Schade!

Chancen, Visionen und der Alltag: Was ist Digitalisierung überhaupt?

Zusammenfassung Bereits Heraklit stellte fest: Panta rhei, alles fließt. So ist es auch auf dem Feld der Digitalisierung. Neues entsteht, Altes verschwindet. Aber was genau verändert sich, was bleibt und welche Rolle spielen die Menschen dabei? In diesem Kapitel schildern oberste Führungskräfte aus der Wirtschaft, dem öffentlichen Sektor und Gewerkschaften, welche Chancen und Visionen sie in der Digitalisierung zahlreicher Facetten des Arbeitslebens sehen und wie aus ihrer Sicht die Digitalisierung den Arbeitsalltag beeinflusst.

Unsere Welt beruht auf ewigem Werden und Vergehen. Neues entsteht, Altes verschwindet. Oft in einem kausalen Zusammenhang. Regelmäßig erleben wir: Was morgens noch en vogue ist, hat abends bereits ausgedient und ist

© Springer-Verlag Berlin Heidelberg 2017   **35**
M. Klimmer und J. Selonke, *#DigitalLeadership,*
DOI 10.1007/978-3-662-50533-5_2

out of state, weil den Menschen etwas Fortschrittlicheres eingefallen ist. Wobei manchmal die beiden Teile eine Zeit lang nebeneinander existieren. Genau das beinhaltet Digitalisierung. Sie hat unsere Zivilgesellschaft, die Wirtschaft, das gesamte öffentliche Leben fest im Griff. Mit den Folgen und Konsequenzen müssen wir alle leben. Permanent aktualisieren sich in jedem Bereich die Dinge komplett. Der Philosoph Heraklit von Ephesos fand dafür schon vor rund 2500 Jahren die Kurzformel: Panta rhei, alles fließt.

Digitalisierung – niemand kann der Entwicklung entfliehen, nicht einmal ausweichen. Dies gilt auch und besonders für den beruflichen Bereich, egal auf welcher Ebene und an welchem Platz. Ein Faktum, das fraglos bis in die Chefetagen der deutschen Wirtschaft, der Gewerkschaften und des öffentlichen Sektors Beachtung gefunden hat. Wenngleich die Bedeutung, die Folgen und auch die Handhabung mit den dadurch aufgekommenen Gegebenheiten unterschiedlich eingeschätzt und in Angriff genommen werden. Den Versuch einer Erklärung dafür, warum kein einheitlicher Umgang mit dem Phänomen erkennbar ist, liefert Michael Kaschke: „Das Wort Digitalisierung ist in der Wirtschaft kein scharfer Begriff. Es ist für mich eher ein Ober- oder Synonymbegriff für verschiedene Trends, die dort stattfinden."

Gleichwohl herrscht bei allen Gesprächspartnern dieses Buches Einigkeit darüber, dass kein Betrieb – egal aus welcher Branche – ohne die Akzeptanz der Digitalisierungswelle, die Suche nach adäquaten Lösungen sowie deren Integration in die geschäftlichen Abläufe auf der Gewinnerseite bleiben wird. Eine Vielzahl von Aussagen unterstreicht diese Einschätzung. Florian Bieberbach: „IT ist wahnsinnig wichtig

für Prozesse eines Unternehmens und für die Wettbewerbsfähigkeit. Diese Botschaft ist inzwischen überall verstanden
worden. Wer sie noch nicht verstanden hat, lebt völlig hin-
term Mond."

Timotheus Höttges meint dazu:

> Das Thema Digitalisierung muss von den Unternehmen
> ganzheitlich angegangen werden. Das geht weit über neue
> Geschäftsmodelle hinaus. Die Chancen durch die Digitali-
> sierung sind riesig. Wir sollten versuchen, so viel wie mög-
> lich an der Zukunft mitzugestalten. Digitalisierung schafft
> die reale Welt nicht ab, sie ordnet den Umgang mit ihr neu.

Frank Briegmann ergänzt: „Digitalisierung ist kein Projekt, das irgendwann abgeschlossen sein wird, und auch
kein eigenständiger Bereich. Sie ist ein Prozess, der uns alle
von nun an kontinuierlich begleitet und bei intelligenter
Implementierung zu einem selbstverständlichen Teil unserer Arbeit und der gesamten Organisation wird."

Jörg Hofmann betrachtet die ITK-Strategie als einen
wesentlichen Bestandteil gewerkschaftlichen Handelns:

> Verantwortlich für das Thema ist unser Hauptkassierer. Aber
> es wird insgesamt gesehen weniger vom IT-Verantwortlichen
> getrieben als von den Kollegen, die sich mit dem Thema
> Mitgliederbetreuung und Mitgliederentwicklung beschäfti-
> gen. Wir stoßen hier in neue Zielsegmente hinein. So haben
> wir in diesem Zusammenhang beispielsweise eine Plattform
> für Crowd Worker angeboten. Diese wird zur Information
> und Beratung genutzt. Auf jeden Fall erreichen wir dadurch
> Leute, die wir üblicherweise nie erreichen würden.

Insgesamt ist Jörg Hofmann überzeugt, dass seine Gewerkschaft weniger durch die Technologie getrieben wird als durch die Suche nach Antworten auf organisationspolitische Fragen. So haben sich an einer Beschäftigtenbefragung über 500.000 Menschen beteiligt, davon ein nicht kleiner Teil online. Hofmann: „Das sind Mitglieder, die wir normalerweise und in der üblichen Organisationsstruktur vermutlich nicht erreicht hätten."

Einen zahlenmäßig ähnlichen Erfolg hat er in Zusammenarbeit mit Daimler bei einer Umfrage über mobiles Arbeiten erzielt: „Von 82.500 Angeschriebenen haben wir 32.400 Rückmeldungen. Auch das wäre mit konventionellen Befragungen nicht machbar. Diese Form von Beteiligung und Einbindung ist früher so nicht denkbar gewesen. Für eine Pressekonferenz haben wir in kürzester Zeit 8000 Betriebsräte online befragt – das wäre früher ein Prozess von mehreren Monaten gewesen."

Für Jörg Hofmann steht deshalb fest: „Beteiligung, mitmachen, Chancen eröffnen und auf Antworten schnell reagieren – das ist alles sehr wichtig und ohne die Möglichkeiten, die sich uns heute bieten, gar nicht mehr darstellbar."

Einen Vorteil für die Gewerkschaft sieht er darin, dass man sich bei anderen Unternehmen sehr genau umsehen kann, was sie digital machen:

Da kann man nur lernen. Nach meinem Eindruck ist in vielen Betrieben zunächst das Thema Beteiligung sehr zögerlich aufgenommen worden. Doch allmählich macht sich eine Kultur breit, die Meinungen zulässt und sogar Meinungen einfordert. Vor drei Jahren wäre es beispielsweise nur schwer denkbar gewesen, dass in Mitarbeiterportalen Namensartikel veröffentlicht werden können, die richtig Unruhe ausgelöst haben. Zum einen wären solche Beiträge abgewürgt worden. Zum anderen hätten sich Kollegen auch gar nicht getraut, so etwas zu veröffentlichen. Dadurch haben die Mitarbeiterkommunikation und -partizipation mithilfe von Mitarbeiter-Plattformen mittlerweile eine gute Relevanz. Vor allem auch deshalb, weil sich die Ängstlichkeiten verflüchtigt haben. Insgesamt ist das auch ein Punkt, an den wir mutiger heranzugehen gelernt haben.

Rada Rodriguez: „Digitalisierung bedeutet eine Veränderung des gesamten Unternehmens. Es ist nicht nur ein einzelner Aspekt. Wenn wir die Herausforderung bewältigen, bin ich überzeugt, dass Chancen da sind." Für sie ist auch entschieden, wo das Thema anzusiedeln ist: „Es muss ein Vorstandsmitglied sein oder der Geschäftsführer selbst. Digitalisierung fängt beim Kopf an." Eine Aussage, die im doppelten Sinn ihre Gültigkeit hat und auch genauso gemeint ist.

Tanja Wielgoß: „Es verändert sich nahezu alles durch Digitalisierung. Es ist die Herausforderung unserer Zeit, digitale Veränderung immer im Blick zu haben und zu erahnen, wie sich durch sie Geschäftsmodelle ändern oder auch selbst gestalten lassen."

Eckhard Nagel: „Die sogenannte digitale Revolution hat viele Bereiche des Krankenhauses mittlerweile voll eingenommen. Es wäre geradezu eine Fehleinschätzung und -planung, wenn man die Digitalisierung nicht als einen wesentlichen Veränderungsprozess für die gesamte Institution Krankenhaus sehen würde."

Karl-Heinz Streibich spitzt das Thema noch einmal zu: „Die Digitalisierung stellt jede Branche auf den Kopf – das ist keine Übertreibung, sondern es ist die Realität. Sie hat bereits massive Veränderungen mit sich gebracht. Uber hat zum Beispiel einen Unternehmenswert von über 50 Milliarden US-Dollar, besitzt selbst aber kein einziges Fahrzeug."

Im Verlauf der Gespräche mit über 30 CEOs hat es nicht einen Fall gegeben, bei dem Digitalisierung nicht mit einer Veränderung der Geschäftsmodelle und mit Vorteilen in Verbindung gebracht wurde. Gleichzeitig unterstrichen die Verantwortlichen dabei stets die Bedeutung des einzelnen Mitarbeiters. Beispielhaft dafür eine Äußerung von Birgit Roos: „Am spannendsten finde ich die Einschätzung, wie weit Digitalisierung das gesamte Geschäftsmodell verändert. Meine persönliche Überzeugung ist, dass der Mensch als soziales Wesen am Ende immer noch eine große Rolle spielt. Deshalb haben wir als Unternehmen letztendlich eine gute Überlebenschance, auch wenn sich die Art unserer Dienstleistung sehr verändert."

Frank-Jürgen Weise betont ebenfalls die menschliche Komponente: „Ich kenne keinen Prozess, der heute nicht von Digitalisierung betroffen ist. Aber auf der letzten Meile müssen wir einen Weg finden, der eine persönliche Begegnung des Bürgers mit seinem Betreuer garantiert."

Der Blick auf zu gewinnende und bereits gewonnene Pluspunkte durch Digitalisierung spannt einen weiten Bogen. Stefan Oelrich: „Der größte Vorteil einer Digitalisierung im Gesundheitsbereich liegt in der Auswertung der Daten. Diese werden bereits an ganz vielen Stellen erfasst. Sie besser auszuwerten und zu nutzen könnte ein Riesenvorteil für Deutschland sein." Für ihn steht fest: „Digitalisierung ist keine Frage der Branche. Es geht heute gar nicht mehr ohne. Niemand in unserer Gesellschaft kann sich dem entziehen."

Lutz Marmor sieht die Digitalisierung als enorme Bereicherung:

> Wenn früher etwas gesendet wurde, war es danach weg, zugespitzt gesagt. Heute kann man über das Netz diesen Beitrag noch ganz anders und viel mehr Menschen zur Verfügung stellen, mit Texten ergänzen und so die multimedialen Möglichkeiten des Internets ausschöpfen. Wie haben sich also die Angebote verändert? Es gibt viele neue Möglichkeiten. Das Publikum hat sich immer weiter differenziert. Aber der Kern, das Fernsehen insgesamt, ist sehr stabil.

Christoph Vilanek hebt beim Blick auf interne und insbesondere technologische Veränderungen den Abschied von Legacy-Systemen hervor:

> Früher musste man fünf Jahre studiert haben, um ein hochkompliziertes Intranet-Modul bedienen zu können. Diese Zeiten sind zum Glück vorbei. Eine der dramatischen Veränderungen bei den Neueinführungen ist für mich, dass sich eine Art von Piktogramm- und Nutzungsverständnis etabliert hat. Es ist nichts Ungewöhnliches, zu wischen oder doppelt zu klicken. Das vereinfacht Abläufe für jeden einzelnen Nutzer. Wir nutzen Technologien, die wir im normalen Lebensbereich etabliert kennen, heute auch für interne betriebliche Zwecke.

Auch ein weiteres Phänomen wird durch die Digitalisierung seines Erachtens noch beschleunigt. Vilanek: „Wir spezialisieren uns immer mehr. Aufgaben werden immer enger geschnitten, weil man aus der Wettbewerbssituation heraus besonders qualifizierte Spezialisten für die einzelne Tätigkeit braucht, um effizienter und noch optimierter, kostengünstiger und noch Fehler mindernder unterwegs zu sein."

Durch die zunehmende Spezialisierung geht jedoch der Blick für das große Ganze verloren. Vilanek:

Als Folge haben Mitarbeiter heute immer weniger Chancen, einen Zusammenhang ihrer Arbeit mit der Arbeit der anderen zu erkennen und zu verstehen. Wenn heute Entscheidungen fallen, finden immer mindestens 50 Prozent der Betroffenen diese Entscheidung definitiv falsch – aus ihrer individuellen Sicht haben sie damit sicherlich recht. Die stetig steigende Spezialisierung ist ein dramatisches Problem und wird mit Digitalisierung und digitalen Unternehmensabläufen noch schlimmer.

Am Beispiel Online-Werbung macht Vilanek auch auf ein Problem aufmerksam, das er für eklatant hält:

Wir haben auch früher schon Online-Vermarkter gehabt. Da gab es zusätzlich noch Targeter und einen AddServer. Heute ist Online-Advertising in 70 Scheibchen von Einzeltätigkeiten zerschnitten – damit wurde die Wertschöpfungskette auf unzählige Teilfunktionen aufgeteilt. Und wenn man einen Einzelnen fragt, wie funktioniert Online-Werbung, dann sagt er: Weiß ich nicht, ich mache nur Targeting. An dieser Stelle engt Digitalisierung durch das

Zerschneiden von Wertschöpfungsketten den Einzelnen immer mehr ein.

Digitalisierung als interner Treiber? Darüber denkt Christoph Straub laut nach, ohne die Antwort liefern zu können: „Ich frage mich, ob die Digitalisierung in erster Linie ein Treiber für die interne Restrukturierung ist. Oder dient sie in erster Linie der Kunden-Kommunikation?"

Michael Vassiliadis bringt in diesem Zusammenhang einen Gedanken ins Spiel, der Altüberliefertes mit den neuen Möglichkeiten verknüpfen will: „Wir müssen in diesem Kontext von Digitalisierung, von Rationalisierung, von Vereinzelung der Menschen an den Arbeitsplätzen sehr viel bewusster auf die Unternehmenskultur blicken. Dazu dann ein bewusstes Using von digitalem Equipment und digitalen Strukturen. Wenn wir aus diesen Komponenten die richtige Mischung finden, gewinnen wir richtig ein Benefit." Er empfiehlt zu überprüfen, wie Digitalisierung durch Software- und IT-Intelligenz dazu beitragen kann, neue Einsatz- und Wertschöpfungsketten für Kommunikations- und Handelsbeziehungen zwischen Unternehmen und Privatpersonen zu bauen, die also B2C sind.

Diese Kombination verschiedener Einzelteile mit sich daraus ergebenden Vorteilen ist auch für Alf Henryk Wulf ein Punkt auf der Habenseite: „Digitalisierung im Bereich der Energieerzeugung wirkt sich im Wesentlichen dadurch aus, dass man vielmehr Komponenten eines Energiesystems, wozu auch der Stromtransport gehört, miteinander ins Zusammenspiel bringen kann."

Forderungen und Erkenntnisse über die Auswirkungen der neuen Entwicklungen sind bei Versicherern und im

Bankgeschäft zu hören. Pascal Laugel: „Wir haben unsere Backoffice-Prozesse sehr genau im Blick, hier müssen wir, was die Automatisierung von Prozessen betrifft, immer auf dem neusten Stand sein."

Für mehr Aktivitäten im eigenen Land plädiert Franz Knieps: „Ich habe wenig Innovation in Richtung Digitalisierung aus der Branche heraus erlebt. Das meiste kommt durch Übertragung von Entwicklungen aus anderen Branchen oder aus anderen Ländern."

Immerhin eine große Veränderung hat Joachim Breuer beobachtet: „Die feste Bindung an Arbeitszeiten ist wesentlich geringer geworden. Das ist die größte Auswirkung von Digitalisierung, die man bei uns sieht. Die Berufsgenossenschaften haben in den letzten Jahren enorm viele ihrer Arbeitskräfte ausgelagert und daraus Heimarbeitsplätze geschaffen."

Bei der erweiterten Einführung von digitalen Möglichkeiten sieht Breuer erhebliche psychologische Bremswirkungen auf vielen Ebenen, die aus der Alten Welt kommen: „Daten werden immer noch als Herrschaftswissen betrachtet, und wenn sie einen haptischen Ergänzungseffekt haben, ist das Herrschaftswissen noch größer – man kann halt die Hand auf die Krankenakte legen."

Wenn ein Unternehmen gegründet und kraft Gesetzes mit seinen Beschäftigten bei der Unfallversicherung versichert wird, ist das ein Vorgang, der früher in großem Maße in Papierform ablief – man erhielt Durchschriften von Gewerbemeldungen. Breuer: „In Deutschland gibt es pro Jahr immerhin um die 2 Millionen Meldungen, wir reden also nicht über Kleingeschäft. Und wenn man das papiermäßig aufarbeiten und einer Berufsgenossenschaft zuteilen muss, dann kann es auch manchmal schwierig sein, die richtige Berufsgenossenschaft zu finden. "

Nach langen Diskussionen ist jetzt alles anders. Breuer: „Diese Eingangsmeldungen alle digital in ein Format von 16 Bundesländern mit ihren Kommunen runterzubrechen, um sie dann später bei uns digital zu verarbeiten, ist ein politischer Kraftakt sondergleichen gewesen. Die Revolution ist groß, der Einfluss ist groß, aber man hat das Gefühl, es dauert zu lange, bis es tatsächlich in der Anwendung ist. Seit kurzem ist es aber so weit und erleichtert und beschleunigt das Verfahren enorm. "

Im Hinblick auf die Ärzteschaft war die finanzielle Seite ein probates Hilfsmittel. Breuer: „Die Ärzte haben wir dazu bekommen, ihre Abrechnungen und die weiteren Berichte digital an uns zu schicken, weil wir ihnen zugesagt haben, dass sie so das Geld schneller kriegen. "

Frank Karsten fragt: „Wie verändert sich künftig das Zusammenspiel zwischen Kunden und Unternehmen? Haben wir dort Disruptionen zu erwarten, weil sich Rahmenbedingungen verändern oder weil sich jemand anderes dazwischendrängt, also die Kundenschnittstelle besetzt?"

Einig sind sich Versicherer in einem anders gelagerten Punkt. Sorgen sind demnach durchaus existent, aber nicht mit Blick auf die technischen Neuerungen. Frank Karsten: „Die große Gefahr für Versicherungen sehe ich nicht in der Digitalisierung, sondern in der Zinssituation. "

Doch lohnt jetzt alles, was die Digitalisierung in immer kürzer werdenden Intervallen an Novitäten präsentiert? Die Frage löst verneinendes Kopfschütteln aus. Viele der Befragten stimmen überein, dass es nicht jeder Trend wert ist, verfolgt zu werden. Johann Bizer fasst dies so zusammen:

Wir kriegen über CeBIT und Bitkom jedes Jahr eine andere Sau präsentiert. Was ist denn die Innovation, die dahintersteckt? Digitalisierung hat auch etwas mit Ökonomie zu tun. Wenn man das dann auf den Kern reduziert, geht es von der Struktur her erstaunlich oft um dieselben Dinge. Irgendwo muss unter wirtschaftlichen Gesichtspunkten alles zentral gehostet werden, irgendwo braucht man Applikationen, die schmalbandig schnell beim Nutzer sind. Irgendwie muss man intelligente Verknüpfungen zwischen verschiedenen Säulen von Verwaltung hinkriegen, damit die Workflows funktionieren. Und nach dem Windows Explorer 11 gibt es auch Explorer 15 und 23 und so weiter. Die werden natürlich immer schneller, können auch immer mehr Daten laden, werden immer interaktiver – aber ist das dann die Innovation?

Für ihn gilt deshalb: „Digitalisierung ist die Elektronifizierung von papiergestützten Vorgängen. Das war für mich erst mal die brutalste Erfahrung. Der Papiervorgang, der abgelöst wird durch einen elektronischen Workflow."

Im Hinblick darauf, ob sich eine bestehende Unternehmenskultur auch in der digitalen Zeit fortschreibt, sieht Johann Bizer im öffentlichen Sektor eine konservative Grundeinstellung, ein Beharrungsvermögen gegenüber Veränderungen als eine Art Schutzschild: „Je schneller die Veränderungen sind, umso größer ist das Risiko, dass wir sie auslassen. Ein bisschen Behäbigkeit kann dann schützen. Sie kann aber auch dazu führen, dass man einen Modernisierungsschritt nicht richtig mitkriegt. Das ist das Risiko. Beschleunigung entschleunigt uns an dieser Stelle. Das ist das Paradoxon der Modernisierung im öffentlichen Sektor."

Grundsätzliche Gedanken macht er sich um den Begriff Innovation. Bizer:

> Weil ich nicht so richtig weiß, ob das eigentlich das ist, worauf es bei uns ankommt. Wenn man mal auf die Schnittstelle zwischen Verwaltung und Bürger schaut, wird viel über unterschiedliche Kanäle und Wege diskutiert. Da kann man jede Idee auch als Innovation bezeichnen. Wenn ich mir die Umsatzzahlen aber ansehe, ist das, was wir mit dem Front-End zum Bürger hin machen, nichts im Verhältnis zu dem, was wir an Effizienzgewinnen durch die Konsolidierung der Backoffice-Systeme erzielen. Das geht hin bis zu der ketzerischen Überlegung, dass es manchmal gar nicht verkehrt ist, nicht jede sogenannte Innovation mitzumachen.

Nach Bizer müsse man sich fragen, ob es um Speedy Gonzales oder um die Karawane und die Oase geht: „Beim Karawanenmechanismus sagen alle, da geht es hin und das muss es sein. Da bin ich ein grundmisstrauischer Typ. Manchmal ist es klüger, die Karawane ziehen zu lassen. Man sollte sie jedoch nicht aus dem Sichtfeld verlieren, um den Anschluss noch zu finden, wenn sie dann doch richtig unterwegs ist."

Tatsächlich wird dem aktuellen Boom durchaus mit einer gewissen Skepsis begegnet. So sieht Florian Bieberbach einerseits, dass „die wahnsinnig hohe Bedeutung von IT für die Energiebranche absolut unbestreitbar ist". Andererseits sagt er auch: „Den aktuellen Hype finde ich total übertrieben."

Pascal Laugel äußert sich ähnlich: „Das Thema Fin-Techs ist im Moment ein riesiger Hype. Wichtig ist, was im Massenretailgeschäft wirklich ein Mehrwert für viele Kunden ist und nicht nur für einige wenige."

Martina Koederitz versucht, zumindest den überhaste-ten Digitalisierungsdrang zu erden und auf eine boden-ständige Basis zu ziehen. Denn zumindest technisch liegt sie mit ihrer krassen Einschätzung richtig: „Was ist digi-tal? Null und Eins." Gleichzeitig verdeutlicht sie, woran es aktuell fehlt: „Wir brauchen Visionäre, die sich vorstellen können, was wir aus der Digitalisierung generieren kön-nen, um die nächste Welle der Wertschöpfung und des Wohlstandes für unsere Gesellschaft zu entwickeln."

Auch Frank Appel hält nichts davon, der im Rekordtempo eilenden digitalen Entwicklung hinterher-zuschnaufen. Er glaubt, dass sich grundlegende Führungs-prinzipien auch durch den Einzug neuer Technologien nicht verändert haben:

> Die Grundbedürfnisse der Menschen haben sich in den letzten 500 Jahren nicht massiv verändert. Das gilt auch für die Leitung einer Organisation. Nur das Umfeld, in dem man ein Unternehmen lenkt, ist ein anderes geworden. Die Art und Weise des Zusammenarbeitens hat sich geändert.

Einigkeit herrscht darüber, dass dieses neue Miteinander innerhalb eines Unternehmens für den einzelnen Mit-arbeiter Positives generieren muss. Timotheus Höttges: „Digitalisierung soll den Menschen das Leben erleichtern, es sicherer machen und schöner. Wir alle stehen mitten-drin in diesem gewaltigen Umbruch, dessen Dimension und Dynamik wir heute noch gar nicht absehen können."

Für Tanja Gönner ist wesentlich, in der Gesamtdiskus-sion das Thema Digitalisierung nicht als Selbstzweck zu betrachten, sondern als Unterstützung: „Dazu gehört auch die Frage der Führung. Leadership per se bedeutet auch, ein Thema wie Digitalisierung durch ein langfristiges Commitment nach vorn zu bringen."

Michael Kaschke sieht Digitalisierung nicht als Selbstzweck. Kaschke:

> Wir wollen Digitalisierung nicht um der Digitalisierung willen haben, sondern wir wollen damit neue Geschäfte und Geschäftsmodelle entwickeln und unsere Kunden besser bedienen, ihnen helfen, erfolgreicher mit unseren Produkten und Lösungen zu sein.

Dabei empfiehlt Frank Riemensperger im Hinblick auf das grundsätzliche Herangehen an digitale Probleme ein Umdenken. Er macht insoweit auf gravierende Unterschiede zwischen dem europäischen Raum und dem US-amerikanischen Silicon Valley aufmerksam:

> Das Silicon Valley sieht Digitalisierung immer extern getrieben, und zwar aus Sicht des Kunden. Das Design-Thinking-Mantra steht an vorderster Stelle: Was wollen eigentlich die Leute? Was ist gewünscht? Dann kommt die Frage: Können wir das kommerziell darstellen, kann man daraus ein Geschäft machen? Und erst dann kommt die Frage: Ist es technisch möglich?

Unterschiedliche Ansichten herrschen darüber, ob kleinere Firmen in der Lage sind, den Weg in die Digitalisierung mitgehen zu wollen oder mitgehen zu können. Eberhard Veit sieht es positiv: „Der deutsche Mittelstand und die kleinen Betriebe brauchen sich nicht zu verstecken. Die sind, was Digitalisierung, was die Zukunftsfähigkeit und vor allen Dingen die Wandlungsfähigkeit anbetrifft, gar nicht schlecht aufgestellt. Ich glaube, Ängste und Befürchtungen werden mehr durch die Kommunikation geschürt, als dass sie in Wirklichkeit da sind."

Rada Rodriguez hegt dagegen eher Bedenken: „Wenn Digitalisierung, wie es heute scheint, in dieser übergroßen Transformierung kommt, könnte vielen Mittelständlern, die nicht in den Großstädten sind, entweder das Geld oder das Verständnis fehlen. Und selbst wenn das vorhanden ist, finden sie vielleicht die Arbeitskräfte nicht."

Jörg Hofmann hat aus diesen beiden Extremen eine Aufgabe für die Gewerkschaft erkannt. Er erläutert das am Beispiel der Zulieferer:

> Digitalisierung in der Wertschöpfungskette heißt, dass die Großbetriebe ihre Anforderungen rund um das digitale Datenmodell an den Zulieferer geben, damit dieser die notwendigen Daten online verfügbar hat. Das setzt aber voraus, dass diese IT-mäßig entsprechend aufgestellt sind und die Qualifikationen vorhanden sind, so zu arbeiten. Das macht Investitionen notwendig. Davor scheut sich der Zulieferer jedoch häufig." Deshalb müsse eine Gewerkschaft ihre Policy darauf ausrichten und das einzelne Mitglied informierend unterstützen. Hofmann: „Hierzu eröffnet uns die Digitalisierung neue Möglichkeiten und neue Chancen.

Bei allen Facetten der Digitalisierung, bei allen offenkundigen Möglichkeiten und auch im Hinblick auf Chancen, die sich derzeit in toto gar nicht abschätzen lassen – Erich Sixt, der sein Unternehmen als „Schnellboot" sieht und überzeugter Anhänger der neuen Techniken ist, sagt voraus, was ausbleiben wird: „Das Einzige, was die Digitalisierung nicht erreicht, ist, dass wir dadurch zu besseren Menschen werden."

Neue Geschäftsmodelle in der digitalen Zeit: Ein entschiedenes Jein, denn noch hat sich nicht überall der Nebel verzogen

Zusammenfassung Wenn es um Digitalisierung geht, ist häufig das Wort „Disruption", also die Zerstörung, das Auseinanderreißen von Altbewährtem in aller Munde. Alte Geschäftsmodelle werden obsolet, funktionieren nicht mehr. Oft heißt es, sie werden durch völlig neue, digitale Geschäftsmodelle ersetzt. Altes geht, Neues kommt und erobert den Markt in Windeseile. Aber ist das wirklich so? Verschwinden alte Geschäftsmodelle? Findet ein Austausch statt? In diesem Kapitel schildern oberste Führungskräfte aus der Wirtschaft, dem öffentlichen Sektor und den Gewerkschaften, welche Veränderung sie in den Geschäftsmodellen sehen. Welche Anpassungen geleistet werden, aber auch, was so bleibt, wie es schon immer war.

© Springer-Verlag Berlin Heidelberg 2017
M. Klimmer und J. Selonke, *#DigitalLeadership*,
DOI 10.1007/978-3-662-50533-5_3

Vorsicht ist die Mutter der Porzellankiste. Reden ist Silber, Schweigen ist Gold. Lass dir nicht in die Karten schauen: Viele Sprüche, Alltagsweisheiten oder Redensarten skizzieren das Verhalten der CEOs ziemlich genau, wenn sie auf neue Geschäftsmodelle angesprochen werden, die sich aufgrund der fortschreitenden Digitalisierung anbieten könnten. Manchmal mag damit auch eine noch leicht vorhandene eigene Unsicherheit kaschiert werden, da der Blick auf zukünftige Modelle nicht glasklar vorhanden ist. Einzig eine Hände-in-den-Schoß-Haltung nach dem Motto „Abwarten und Tee trinken" ist nie zu erkennen.

Trotzdem beschränken sich viele auf eher allgemeingültige Perspektiven, blicken teils sorgenvoll über den Tellerrand zu anderen oder regen wie Eberhard Veit ganz global dazu an, gelegentlich mehr Mut zu zeigen: „Auch ein Vorstandsvorsitzender muss ein Gefühl dafür entwickeln, an welchen Stellen man möglicherweise mal in etwas investiert, was am Anfang nach Spinnerei klingt. Damit wird auch die Kreativität im Unternehmen befeuert. Die Menschen werden oftmals kreativer, wenn sie aus ihrem Alltagsthema herausgenommen werden und das Gleiche auf einer anderen Ebene erledigen."

Wer Wachstum wolle, müsse auch bei der kulturellen Weiterentwicklung des Unternehmens nachlegen. Veit: „Insbesondere deshalb, da die Wachstumsräume von uns schwerpunktmäßig heute in den Wirtschaftsräumen China, aber auch in Zukunft in Afrika liegen. Die Chinesen und ihre Art, wie sie heute arbeiten, werden vielleicht jetzt von uns noch belächelt, aber das wird sich in Zukunft ändern. Die lernen unheimlich und verdammt schnell."

Auch Timotheus Höttges spricht den notwendigen Kulturwandel im Unternehmen an. Wenn man sich dem Neuen verweigere, in Silos denke und sich an Besitzstände klammere, werde der positive Weg in die Zukunft nicht funktionieren:

> Wichtig sind vor allem Beweglichkeit und Flexibilität im Hinblick auf neue Internet-basierte Geschäftsmodelle und Dienstleistungen. Bisher noch profitable Zweige können quasi über Nacht wegbrechen und durch neue ersetzt werden. Das zwingt zu Offenheit und zu Zusammenarbeit mit anderen Playern, großen und kleinen, brancheninternen und branchenfremden. Die Zeiten, in denen ein Unternehmen auf allen Stufen der Wertschöpfungskette im Alleingang unterwegs ist, sind vorbei. Selbst die neuen Großen, also die Giganten der Internetbranche, sind davon nicht ausgenommen.

Timotheus Höttges sieht Deutschland und Europa derzeit grundsätzlich eher im Hintertreffen:

> Wir haben als Unternehmen sehr konkrete Vorschläge gemacht, wie Europa seinen Rückstand in Sachen Digitalisierung gegenüber den USA und Asien aufholen könnte. Die erste Halbzeit der Digitalisierung haben diese Regionen klar gewonnen. Wenn wir unsere Wettbewerbsfähigkeit ausbauen wollen, müssen wir unter anderem offene Plattformen für Innovationen schaffen, Standards für die Industrie 4.0 setzen, unsere Dateninfrastruktur ausbauen und ihre Sicherheit gewährleisten sowie unser hohes Datenschutzniveau als Standortvorteil wahren.

Für ihn ist „Partnering" sehr wichtig geworden: „Wir entwickeln selber innovative Produkte. Aber wo andere das besser, schneller können, werden wir gemeinsam mit ihnen neue Dienste für unsere Kunden bereitstellen." Ein weiterer Punkt seien Geschäftsmodelle, die auf der Nutzung gesammelter Daten basieren. Höttges:

> Die unterliegen natürlich immer besonderen ethischen wie auch datenschutzrechtlichen Veränderungen. Zumindest aus unserer deutschen Sicht mit den hohen Standards. Das Vertrauen aller, die der Telekom ihre Daten anvertrauen, ist unsere Geschäftsgrundlage. Das betrifft den Datenschutz, also den Schutz von Kunden und Mitarbeitern vor Angriffen Dritter. Und es betrifft die Datensicherheit, also den Schutz des Unternehmens vor Angriffen von außen. Beides hat bei uns aktuell einen noch höheren Stellenwert bekommen.

Dieses überraschende Wegbrechen profitabler Zweige hat Frank Briegmann in der Musikbranche bereits erleben und darauf reagieren müssen:

> Die digitale Revolution hat uns als erstes Business kalt erwischt. Unsere Produkte waren im Internet plötzlich unlizenziert verfügbar und wurden massenweise heruntergeladen. Es herrschte Katastrophenstimmung in der Branche, die zu diesem Zeitpunkt noch keine Strategie hinsichtlich dieser massiven Disruption hatte. Die kam erst später. Niemand rechnete damals damit, dass die Digitalisierung so schnell, disruptiv und universell sein würde. Die Musikindustrie war eine florierende Branche mit einem erfolgreichen Businessmodell. Und weil der

Angriff so unerwartet kam, war die erste Reaktion auch ein Reflex, nämlich Verteidigung. Später setzte sich die Erkenntnis durch, dass die Digitalisierung kein Gegner ist, sondern dass man sie vielmehr umarmen und ihre Möglichkeiten als eigene Chance begreifen sollte.

Als entscheidenden Schritt nach vorn wertet Briegmann heute den Gedanken, dass man überprüfte, welche Chancen die Digitalisierung eigentlich biete, wie die Entwicklung positiv zu nutzen sei:

> Durch diesen Strategiewechsel war der Weg frei für neue Businessmodelle, Partner und Kooperationen. Wir haben unsere Inhalte an buchstäblich jeden lizenziert, zu dessen Zielen die Monetarisierung und eine faire Beteiligung unserer Künstler gehörten. Und anfangs gab es auch sicherlich viel Wildwuchs und einige Fehlschläge. Aber ohne diesen Mut zum radikalen Wandel wären Erfolgsgeschichten wie die von iTunes oder auch aktuell von Spotify nicht denkbar gewesen. Wir sind noch nie zuvor so hart am Wind der Userwünsche gesegelt und waren am Ende erfolgreich.

Für ihn ist aus Sicht des Managements das Problem interessant, dass ein altes – funktionierendes – Geschäftsmodell von einem neuen Modell angegriffen wird. Muss man sich dann ausschließlich um das Neue, um „die Zukunft", kümmern? Oder muss ein Unternehmen auch darauf achten, das andere Geschäftsmodell nicht aus den Augen zu verlieren?

Briegmann: „Die Begeisterung für innovative Business-modelle ist naturgemäß groß. Sie darf aber nicht den Blick auf die wirtschaftlichen Fakten verstellen. In Deutschland ist das Analoggeschäft für uns nach wie vor ein stabiles Standbein. Seine Profitabilität ermöglicht uns sogar erst, in neue Geschäftsfelder zu investieren. Dafür ist das Digitalgeschäft der Motor unseres neuen Wachstums und sorgt für die Dynamik. Wir brauchen beides, um langfristig erfolgreich zu sein."

Frank Briegmann hat erkannt: „Gerade bei Themen wie dem Data-Management suchen wir den Schulterschluss innerhalb unseres globalen Netzwerks. Grund hierfür ist nicht nur die Kosteneffizienz der Investitionen durch die Bündelung von Know-how und die Vermeidung paralleler Strukturen, sondern vor allem auch die umfassende Nutzbarkeit der Daten durch Teams auf der ganzen Welt. Aktuell implementieren wir Stück für Stück neue Module in unsere operativen Prozesse."

Das dazugehörige Problem identifiziert er so: „Unsere Hauptenergie gilt nicht mehr dem Sammeln zusätzlicher Daten über unsere Produkte und das Userverhalten. Wir haben unendlich viel davon. Viel wichtiger ist, diejenigen Daten herauszufiltern, die relevant für uns sind und an denen es sich zu orientieren lohnt." Der weitere Punkt, der ihn wesentlich beschäftigt, liegt in der gesamten Vermarktung. Briegmann:

Mir geht es zum Beispiel um den sinnvollen Einsatz von Daten. Die meisten Marketing-Entscheidungen werden bei uns seit über 100 Jahren aus dem Bauch heraus getroffen. Was überhaupt kein Nachteil sein muss, wenn man sich den Erfolg unserer Künstler ansieht. Allerdings müssen wir uns überlegen, ob wir die Trefferquote unserer Entscheidungen auf Basis von User-Erhebungen und Realtime-Analysen nicht noch weiter erhöhen können. Und unsere bisherigen Erfahrungen stimmen mich da sehr optimistisch. Nachdem wir uns selbst bewiesen haben, dass es geht und wie es geht, kommt der zweite Schritt: die Implementierung in den Geschäftsalltag und nicht zuletzt auch in die Köpfe der Mitarbeiter. Dass dann im Einzelfall vielleicht bewusst auch gegen die Datenlage aus dem Bauch heraus entschieden wird, ist bei einem Kreativunternehmen wie unserem kein Widerspruch.

Der nächste Schritt sei also die Akzeptanz, dass man mit den neuen Methoden alles besser segmentieren und die Kanäle deshalb besser bespielen kann: „Das bedeutet einen weiteren tiefgreifenden Kulturwandel."

Viele Player der Distributionspartner und der Vermarktungspartner sind internationale Konzerne. Briegmann: „Universal Music ist ein Weltunternehmen. So können wir im Interesse unserer Künstler auf Augenhöhe mit anderen Global Playern verhandeln. Als viertgrößter Musikmarkt ist Deutschland für alle Beteiligten ein Key-Territorium."

Heute sind aus seiner Sicht zwei Dinge besonders relevant: Ist das Geschäftsmodell eigentlich noch der Verkauf von Musik? Oder ist es der Convenience-Zugang zur Musik auf einer Subskriptions-Basis – Stichwort Streaming?

Zu einer abschließenden Meinung hat Briegmann noch nicht unbedingt gefunden. Er umreißt die Möglichkeiten so: „Wollen neue Konsumentengenerationen Musik noch besitzen oder nur noch nutzen? Für welchen Zugang sind sie bereit, Geld auszugeben? Geht der Trend zu einem reinen Subskriptions-Markt? Diese Fragen kann am Ende nur einer beantworten: der Konsument. Unsere Aufgabe ist es, vorbereitet zu sein, um für jedes Userprofil ein passendes Angebot zu haben."

Werden wir künftig eine Musiklandschaft sehen, in der es auf Subskription hinausläuft? Briegmann:

Das Streaming-Segment wächst in atemberaubendem Tempo und verdoppelt sich praktisch im Jahrestakt. Wir erreichen mit diesem Businessmodell junge User genauso wie sogenannte Nichtkäufer, die erstmals wieder bereit sind, Geld für Musik auszugeben. Doch trotz aller Euphorie bleiben wir unserer Omni-Channel-Strategie treu. Unser Ziel ist es, unsere Musik an jedem Ort, zu jeder Zeit und in jeder gewünschten Darreichungsform anzubieten, die von den Konsumenten gewünscht ist. Selbst die gute alte Vinylscheibe freut sich wieder über Zuwachsraten von über 30 Prozent jährlich. Denn auch wenn die Technologien um uns herum binär sind, der Mensch ist es nicht. Er kann sehr wohl tagsüber seine aktuellen Lieblingshits streamen und abends die Nadel auf die Platte senken. Nicht die Hipness eines Kanals ist für uns entscheidend, sondern sein wirtschaftliches Potenzial.

Briegmann zufolge kann und wird die Digitalisierung also nicht immer und auf jeden Fall bestehende Segmente kannibalisieren. Christoph Vilanek stimmt dieser Ansicht zu. Die Digitalisierung, der unendliche Zugang zu Informationen für jeden, sei ein Grad der Demokratisierung. Christoph Vilanek: „Was wir meiner Meinung nach aber unterschätzt haben ist, dass das Volk gar nicht demokratisch und voll informiert werden will. Menschen brauchen Orientierung und Hilfe. Die Leute sind überfordert mit der Möglichkeit, alles zu tun. Wer früher verreisen wollte, ist ins Reisebüro gegangen. Wenn dort zufällig die Asien-Spezialistin saß, hat die nur was von Asien erzählt. Heute kann ich mir in der Theorie über alle Länder der Erde jede Information holen. Trotzdem sind die Leute ziemlich glücklich, wenn sie jemanden finden, der sie von den 249 Ländern runter auf eines holt. Diese Leistung erbringt das Internet zumindest heute noch nicht."

Für Vilanek ist deshalb auch im Internet-Zeitalter klar: „Wir stehen vor der Wiedergeburt des Fachverkäufers. Man kann in unserer Welt ganz viele Analogien sehen. Ein guter Handwerker wird sich heute nicht dagegen wehren können, dass er mindestens voll ausgebucht ist und gut Geld verdient. Was macht den guten Handwerker aus? Das ist der, der vorbeikommt und berät. Der auf die Wünsche des Kunden antwortet. Und der auch mal sagt, ich würde es so und so machen – weil es dann besser ist, länger hält oder weniger anfällig ist. Für dieses Vertrauen und die Mehrleistung wird der Kunde auch 20 Prozent höhere Preise in Kauf nehmen. Dasselbe gilt auch für digitale Produkte. Es wird immer Leute geben, die so aufgeklärt sind, dass sie im Internet kaufen. Das sind die Spezialisten, die können selber ihre Rechner einrichten. Wir müssen die anderen im Auge haben, und die sind in der Mehrheit."

Deshalb ist er überzeugt, dass ein guter Mix notwendig ist:

Was man modern Omni-Channel nennt – auch wenn sich die Leute hundertmal im Netz informieren –, die meisten Menschen finden es toll, irgendwo hinzugehen, auszuprobieren oder Produkte anschauen zu können. Eine der wichtigsten Voraussetzungen für erfolgreiches Geschäft in

Deutschland scheint mir auch, dass der Kunde ein Gegenüber haben will, das er persönlich verantwortlich machen oder gar anbrüllen kann, wenn etwas nicht funktioniert. Deshalb glaube ich sehr an Retail und stelle außerdem fest, dass insbesondere die großen Elektronik-Ketten bis heute eher Warenausgaben sind und keine Berater oder Verkäufer.

Er sieht den Kunden jeden Tag mehr überfordert mit den Möglichkeiten, die sich ihm durch die fortschreitende Digitalisierung bieten: „Der Endverbraucher braucht einen Ansprechpartner, einen, der ihn berät, der ihm Dinge empfiehlt, ihm eine Vorauswahl gibt. Meine Vision ist, dass unser Unternehmen das leisten können sollte."
Im Hinblick auf den Retail sagt Vilanek voraus:

Der deutsche Handel wird sicher bis zu 25 Prozent der Standorte verlieren in den nächsten 5 bis 10 Jahren – davon bin ich überzeugt. Wir werden dann drei Arten von Lagen haben. Die Bedarfskauflage, also den Lebensmittelhändler entlang der Hauptstraße. Zweitens die Shopping-Center – das ist erweiterter Bedarfskauf mit Zeitvertreib: Die Familie fährt am Samstag los und macht dort 5 Stunden Programm. Und das Dritte sind Innenstadtlagen, in denen Shopping zur Freizeitbeschäftigung wird. Freenet bzw. mobilcom-debitel muss aus meiner Sicht in den Shoppingcentern und in den 1a-Innenstadtlagen sein. Gerade beim Umgang mit digitalen Produkten wird es viele Leute geben, die sagen, da gehe ich rein und lass mir das genau erklären. Deshalb glaube ich extrem daran, dass genau dort die Chance liegt, sich vor allem gegen Online durchzusetzen.

Nach seiner Überzeugung wechselt vor allem Commodity ins Internet: „Wenn ich heute mein x-tes iPhone kaufe, dann bestelle ich mir das, weil mir dann vor allem der Preis wichtig ist. Der Anbieter muss halbwegs seriös sein, Versandkosten erstatten und Retouren akzeptieren. Wenn ich mich aber nicht auskenne und mich beraten lassen will, hätte ich gern kompetente Ansprechpartner. Da hilft mir auch ein pseudodemokratisches Forum im Internet nichts, wo sich irgendwelche selbsternannten Experten gegenseitig belehren oder irgendwelches gefährliche Halbwissen verbreiten."

Im Grundsatz Ähnliches, mit der Betonung des wichtigen persönlichen Ansprechpartners, ist auch von Pascal Laugel zu hören:

> Im Hinblick auf neue oder veränderte Geschäftsmodelle liegt die Kunst darin, auszuwählen, wo wirklich eine neue Idee drinsteckt. Wir haben bei uns im Haus eine Gruppe geschaffen, die sich den FinTech-Markt genau anschaut. Digitalisierung und FinTechs sind momentan die Schlagwörter. Die Entwicklungen im Internetbanking, die Automatisierung sowie Online- und mobile Anwendungen sind nichts anderes als ein Teil der fortschreitenden Digitalisierung, die auf die Industrialisierung von Bankdienstleistungen folgt. Nur weil etwas neu ist, ist es nicht gleich ein Fortschritt und bringt zudem nicht zwingend Erträge.

Pascal Laugel sieht einen Vorteil gegenüber manchem Wettbewerber auch in der überschaubaren Größe seiner Bank: „Dadurch können wir flexibler agieren, neue Geschäftsmodelle schneller umsetzen und mehr ausprobieren.

Selbstverständlich gibt es aber immer auch die Möglichkeit, noch schneller zu werden. Also von der Idee bis ‚time to market' – noch besser werden."

Ein End-to-End-Zeitfenster von unter einem Jahr, wie es bei einem neuen Produkt erreicht wurde, kann man aus Laugels Sicht noch optimieren:

> Alles begann mit einer Produktidee: ein sehr kurzfristig verfügbarer Kleinkredit mit kurzer Laufzeit, der zudem komplett online beantragt werden kann. So etwas gab es im direkten Wettbewerbsumfeld nämlich nicht, der Bedarf auf Kundenseite war aber da. Also haben unsere Fachleute mit der Planung begonnen. Am Ende des mehrmonatigen Entwicklungsprozesses stand das fertige Produkt ‚Direktgeld': Es bietet eine innovative Lösung für Kunden, die kurzfristig ihren Liquiditätsbedarf decken wollen, dafür aber keinen Dispositionskredit beanspruchen oder einen längerfristigen Ratenkredit abschließen möchten. Unterm Strich ein Erfolgsprojekt. Das Zusammenspiel aller am Projekt beteiligten Gruppen hat auch gut funktioniert. Doch die Konkurrenz im Bankgeschäft ist größer denn je. Deshalb müssen wir solche Projekte zukünftig noch schneller stemmen.

Es sind zwei Ebenen, die im digitalisierten Bankgeschäft eine entscheidende Rolle spielen:

> Als Bank müssen wir in Bezug auf die Digitalisierung den Kundenkontakt und das Backoffice gleichermaßen im Blick haben. Konkret heißt das: Der Kunde soll entscheiden, auf welchem Weg er Kontakt zu seiner Bank aufnehmen möchte. Natürlich via Internet, aber eben

nicht nur. Jener Teil, der lieber noch einmal nachfragen und sich beraten lassen möchte, wenn er ein Wertpapier kauft oder einen Kredit aufnimmt, kann auch das persönliche Gespräch in der Filiale oder mit dem mobilen Berater suchen. Wir wollen dem Kunden nicht vorschreiben, wie er Kontakt aufnimmt und wo er seine Informationen erhalten will, ob online, mobil, telefonisch oder face-to-face. Es ist unsere Pflicht, ihm diese Möglichkeiten zu bieten.

Deshalb gäbe es auch noch Face-to-Face-Kontakt und nicht nur Telefon oder Mail. Laugel: „Die Anzahl der Menschen, die weiterhin eine persönliche Beratung wünschen, sollte man nicht unterschätzen. Auch in der Zukunft." Digitalisierung muss nach Laugels Überzeugung vor allem auf der Kostenseite helfen. Denn bei der Digitalisierung werde die Schlacht im Endeffekt über den Preis geschlagen. Laugel: „Konkret bedeutet das für uns, und da bin ich ganz nah bei der Industrie, dass wir kostengünstig produzieren müssen. Deshalb haben wir unsere Backoffice-Prozesse sehr genau im Blick. Hier müssen wir, was die Automatisierung von Prozessen betrifft, immer auf dem neusten Stand sein."

Im nächsten Digitalisierungsschritt will er das Unternehmen dahin bringen, das haptische Dokumente praktisch gar nicht mehr vorkommen. Laugel: „Der Kunde bekommt seine Dokumente auf Wunsch natürlich auch weiterhin ausgedruckt. Aber unser Ziel ist, dass der Kunde seine Unterlagen per E-Mail automatisch zugeschickt bekommt oder im geschlossenen Online-Bereich jederzeit abrufen kann, statt die Filiale mit einem Wust an Papieren zu verlassen."

Auf den unverändert wichtigen direkten Kontakt zu den Kunden hebt auch Birgit Roos ab. Sie sieht im Hinblick auf fortschreitende Digitalisierung voraus, dass ein Verhalten, wie es bei den Mitarbeitern zu erleben ist, sich auch bei den Kunden entwickeln wird:

> „Darauf müssen wir vorbereitet sein. Deshalb entwerfen wir Ideen wie Kundenparlamente. Was wir dazu in Ansätzen entwickeln, verbinden wir aktuell mit unserem Jubiläum 175 Jahre Sparkasse. Wie heißt es so schön: Zukunft braucht Herkunft."

Dabei ginge es auch um die Frage, wie man sich künftig technisch auf die neue Zeit einzustellen habe. Roos: „Krefeld ist nicht der Nabel der digitalen Welt. Dennoch sind wir natürlich stark betroffen von diesem Umbruch im digitalen Umfeld. Und wir müssen sorgfältig schauen, wie wir lokal unsere Verantwortung wahrnehmen, um diesen Trends vernünftig zu begegnen. Wie wirken sich die aktuellen Entwicklungen auf das Verhalten unserer Kunden aus? Hierfür Lösungen zu finden ist eines der drängendsten Probleme."

Entscheidend bei der Entwicklung insgesamt ist für sie, dass es keinen Einbruch im Service gibt. Birgit Roos: „Bei uns spricht der Kunde mit ausgebildeten Mitarbeitern, die auch qualifiziert beraten können. Wichtig ist nämlich, keinen Qualitätsunterschied zu machen, je nachdem welchen Kanal der Kunde nutzt. Er muss die Qualitätsvermutung, die er bei uns hat, immer auf jedem Kanal finden. Deshalb haben wir auch kein irgendwohin ausgelagertes Call Center."

Im Hinblick auf die gewerblichen Kunden aus dem Mittelstand sieht sie sich nicht als Innovationstreiber oder Vorreiter, sondern eher als Begleiter. Anders als bei IT-Start-ups und Start-ups ganz allgemein. Roos: „Für Start-ups haben wir eine Gruppe von Existenzgründungs-Beratern, die das intensiv machen und sich auch um öffentliche Mittel bemühen. Das ist unser Auftrag – intensiv zu beraten –, und davon leben wir ja auch."

Frank Karsten zur Schnittstelle zwischen Beratern und Kunden: „Verkaufsprozesse eines Beraters sind heute ohne digitale Unterstützung nicht mehr möglich. Also ist für mich bei der Digitalisierung ganz groß die Fragestellung: Wie verändert sich das Zusammenspiel zwischen Kunden und Unternehmen? Wie wird dieser Prozess in eine ganz andere Rolle hineinkommen, und haben wir dort Disruptionen zu erwarten, weil sich Rahmenbedingungen verändern oder weil sich jemand anderes dazwischendrängt, also die Kundenschnittstelle besetzt?"

Kritisch äußert er sich zum regulatorischen Umfeld: „Das ist natürlich etwas, das uns sehr stark bewegt. Die Finanzdienstleistungen, und das gilt nicht nur für die Versicherungen, sondern auch für die Bankenwelt, sind in einem Maße reguliert und überwacht, dass es sich von den übrigen industriellen Bereichen in Deutschland massiv abhebt. Man darf hier ja fast gar nichts mehr. Anderen Wirtschaftszweigen ist das gar nicht so bewusst."

Als neues Geschäftsmodell, bei dem eine zukünftige Versicherungsleistung entstehen könnte, sieht Karsten die Thematik der „Versicherung gegen Cyberattacken": „Die finde ich allerdings von der Bewertungsseite her noch sehr schwierig. Viele, die das heute anbieten, wissen noch gar nicht, was sie da eigentlich versichern und welches Risiko sie da eingehen. Man kann einer Privatperson eine

Cyberversicherung verkaufen. Aber man kann nicht beurteilen, ob die Person von sich aus schon gewisse Vorkehrungen trifft oder ob sie sehr frei im Internet agiert."

In Bezug auf seine Branche sieht er eine starke Unterscheidung zwischen Versicherungen voraus, die sich um Personen ranken, und solchen, die mit Dingen zu tun haben. Karsten:

> Da sehe ich eine große Trennlinie. Bei Daten, die Menschen betreffen, fragen wir sensibler, als wenn es darum geht, ob jemand einen Fernseher hat oder ein Auto und ob er ein Sicherheitsschloss hat oder nicht. Und deshalb ist für mich die Frage eher, ob wir uns da mit unseren Produkten in andere Verkaufsprozesse hineinklinken müssen. Man tut immer so, als sei es Atomphysik. Dabei werden schon heute eine Menge von Versicherungsprodukten im Beipack mit anderen Produkten verkauft. Das ist die berühmte Brillenversicherung, die es seit vielen Jahren gibt. Viele Verkehrsunternehmen verkaufen eine Unfallversicherung mit, wenn man eine Dauerkarte für die öffentlichen Verkehrsmittel kauft. Bei Autos wird eine Autoversicherung mitverkauft, bei der Flugbuchung bekommt man immer wieder eine Reisekostenversicherung angeboten. Das ist die Welt, in die wir reingehen werden.

Gleichzeitig sagt Frank Karsten voraus:

> Ich glaube, dass Wettbewerber, die auf Big Data setzen wie Google, Apple & Co., in zehn Jahren am Versicherungsmarkt Einfluss haben werden. Sie haben natürlich den Vorteil, unheimlich viele Daten über die Menschen zu sammeln. Wobei ich in den letzten zwei Jahren auch

international Entwicklungen feststelle, die beginnen, dem freien Verkehr von Daten einen Riegel vorzuschieben. Das Safe-Harbour-Urteil des Europäischen Gerichtshofs ist hierfür ein Beispiel. Ich warte jetzt eigentlich darauf, dass irgendeiner Facebook und Google in New York auf Schadensersatz verklagt, weil sie 350 Millionen Bürgern in Europa ihre Daten klauen und gegen das Gesetz verstoßen. Und das geht in dieser Welt scheinbar straffrei. Ich glaube nicht, dass das ewig so bleiben wird.

Nicht alle CEOs und Oberverantwortlichen sehen wesentliche unmittelbare Veränderungen in ihrer Branche durch die Digitalisierung. Natürlich spiele die Entwicklung in Abläufe hinein, zwinge aber nicht unbedingt zu neuen Geschäftsmodellen. Häufig sorge sie nur für Glättungen in internen Abläufen. Lutz Marmor ist ein Protagonist dieser Tendenz:

Der Kern unseres Auftrags ist nach wie vor nicht berührt von der Digitalisierung, denn der heißt, gute Inhalte zu produzieren. Das Totreden öffentlich-rechtlicher Rundfunkanstalten und des Fernsehens stimmt nicht, auch objektiv empirisch bis heute nicht. Wir haben regelmäßig Radio-Studien. Jedes halbe Jahr wird gemessen, wie lange die Menschen in Deutschland Radio hören und wie lange sie fernsehen. Da hat sich fast nichts verändert. Hinzu gekommen ist der Internetkonsum. Hier und heute in Deutschland hören die Menschen drei Stunden täglich Radio. Das ist mehr, als sie das Internet nutzen. Der Fernseher läuft drei Stunden und vierzig Minuten, jeden Tag, sieben Tage die Woche. Das Netz liegt bei knapp zwei Stunden, mit allem, was es da gibt, also zum Beispiel auch Flugbuchungen und Onlinebanking.

Lutz Marmor erwähnt auch einen finanziellen Aspekt, der sich durch die neuen Möglichkeiten positiv entwickelt hat:

> Technik ist teilweise deutlich billiger geworden, was auch eine Folge der Digitalisierung ist. Wenn wir früher einen Satellitenkanal als analogen Ausspielweg hatten, dann kostete der 5 Millionen Euro. Heute sind das noch 1,4 Millionen Euro für die digitale Verbreitung. Durch diese Verringerung der Vertriebskosten werden neue Angebote möglich. Gleichzeitig erleben wir eine Diversifizierung über die Digitalisierung unserer Vertriebswege. Es gab früher die Wege über Satellit, Kabel und Terrestrik. Heute gibt es über die Vielzahl der Netzwerk-Plattformen über das Internet auch eine Vielzahl von Plattformen, die bedient werden müssen. Das verändert schon das Geschäftsmodell.

Den Umgang damit und Neueinführungen hat der Sender nach seiner Einschätzung bislang gut hinbekommen. Marmor:

> Wenn man eine Marke wie die Tagesschau nimmt, ist sie ein Beispiel, wie wir uns digital transformiert haben und weiter transformieren werden. Wir haben zum einen die technischen Möglichkeiten genutzt über das neue Studio, wir haben die Tagesschau-App schon relativ früh und erfolgreich positioniert. Wir haben tagesschau.de als zusätzliche Marke, wir haben den Digitalkanal tagesschau24, der auch nur deshalb so produziert werden kann, weil die Technik für Produktion und Verbreitung billiger geworden ist. Über die technischen Möglichkeiten

entstehen Synergieeffekte, die wir nutzen. Sonst könnten wir uns so etwas gar nicht leisten.

Einen möglichen Druck sieht er insofern, als aktuell eine Expansion nicht zu erkennen sei. Marmor: „Im öffentlich-rechtlichen Rundfunk wurden seit 1999 keine neuen Sender gegründet. Jetzt werden wir sogar zwei Digitalkanäle einstellen, EinsPlus und ZDFkultur. Das machen wir, um ein junges Internetangebot zu bekommen. Wenn man so will: ein neues Geschäftsmodell. Wir müssen uns nämlich auch darauf konzentrieren, die neuen Möglichkeiten klug zu nutzen."

Die Konkurrenz durch Wettbewerber beobachtet Lutz Marmor gelassen:

Wir haben vor ihnen keine Angst, aber wir beobachten sie interessiert. Sie sind für unsere Konsumenten zunächst einmal eine zusätzliche Möglichkeit, was an sich nicht schlimm ist, und sie graben uns kein Wasser ab. Anbieter wie Netflix sind auf einem Markt aktiv, der ohnehin nicht unsere Domäne ist. Den Privatsendern bereitet das nach meiner Einschätzung mehr Kopfzerbrechen, weil sie vielfach von amerikanischen Serien leben und viel mehr Unterhaltungsformate haben. Wir sind dagegen ein informationsgeprägtes System. Über 40 Prozent macht der Anteil im Ersten aus. Das ist ein anderes Feld, auf dem sich zumindest bisher Netflix noch nicht getummelt hat.

Gabor Steingart sieht den ersten Ansatz ähnlich wie sein Kollege von der ARD: „Wir sollten uns um guten

Journalismus kümmern – daran ist der Leser zunächst einmal interessiert." Allerdings ist ihm auch klar:

> Jede Branche und jeder Beruf verändern sich – und das immer wieder. Davon ist auch der Journalismus nicht ausgenommen. Das ist aber kein Grund, verzagt zu sein. Im Gegenteil: Mit den drei Darreichungsformen – Print, Digital und Live – erreichen wir heute sehr viel mehr Leser als jemals zuvor. Deshalb sollten wir uns auch nicht zu sehr mit der Frage beschäftigen, auf welchen technischen Plattformen wir unsere Inhalte präsentieren. Die Technik ist letztlich nur ein Instrument der Übermittlung.

In der alten Zeit war man gepolt auf Reichweite. Steingart:

> In der neuen Zeit ist es viel entscheidender, dass ich weiß, was meine Kunden im Internet interessiert und was sie lesen. Es ist also nicht allein die Reichweite, die wir verkaufen, sondern das präzise Erreichen von Zielgruppen. Dafür dürfen wir nicht die Schrotflinte anlegen, sondern müssen fachspezifische Informationen anbieten, die sich vom allgemeinen Nachrichtenstrom abheben und das aktuelle Geschehen ergänzen, vertiefen und einordnen.

Und er kann noch weitere neue Geschäftsmodelle benennen, etwa das Handelsblatt Research Institute, das einen Branchenradar entwickelt hat, also ein tagesaktuelles, datenbasiertes Informationssystem. Gabor Steingart: „Mögliche Kunden wie beispielsweise Banken brauchen verlässliche Daten, mit Gütesiegel. Diese können wir Ihnen mit diesem Angebot liefern."

Mitgenommen aus seiner Zeit in den USA hat Steingart die Erkenntnis, dass Menschen wirklich auf allen Kanälen und Plattformen kommunizieren – nicht nur technisch, sondern auch live:

> Darauf aufbauend haben wir mit Face-to-Face eine Abteilung geschaffen, die für Handelsblatt und Wirtschafts-Woche jährlich rund 200 Veranstaltungen mit mehr als 20.000 Teilnehmern durchführt. Mit diesen Veranstaltungen bringen wir den Journalismus auf die Bühne. Es finden Podiumsdiskussionen, Streitgespräche, Debatten und Interviews im Beisein unserer Leserinnen und Leser statt. Dabei geht es um lebendigen Austausch, Diskussion und Widerspruch. Wir nennen das ,Journalismus live'. Das heißt konkret: Beim Handelsblatt Autogipfel finden nicht mehr nur Vorträge statt, sondern wir machen mit den Teilnehmern beispielsweise eine Vision-Tour über das Werksgelände und bieten ihnen Workshops zu bestimmten Themen an. Das Thema Auto wird erlebbar gemacht, die Themen Design, Ökologie, Motorentwicklung und Marketing werden multimedial inszeniert. Wir verbinden Information mit Inspiration.

Für den gelernten Journalisten Steingart steht also fest: „Digitalisierung verändert auch auf der Vermarktungsseite das Geschäft. Das erfordert neue Berufe, neues Denken und neue Techniken. Auch die Expansionsfelder sind klar: Digitalprodukte, Veranstaltungen, maßgeschneiderte Kommunikationsangebote und das Research Institute."

Tanja Wielgoß sieht die aktuelle Situation in ihrer eher bodenständigen Branche so:

Müllentsorgung und Straßenreinigung sind körperlich anstrengende Tätigkeiten. Sie lassen sich in Teilen natürlich mit digitalen Hilfsmitteln verbessern, aber in einer sehr dicht besiedelten Stadt wie Berlin relativ weniger als in dünn besiedelten Gegenden. Dort lässt sich mit smarten Lösungen weit mehr machen. Die Anforderungen sind daher völlig unterschiedlich, ob ich in einer Millionenstadt oder auf dem platten Land entsorge. Natürlich kontrollieren wir unsere Anlagen digital. Aber das ist ‚State of the art‘ und geht eher in Richtung Automatisierung, nicht im Sinne einer Digitalisierung, wo ja eher vom Endverbraucher her gedacht wird. Also denke ich auch häufig in die Richtung oder auch an simple Abläufe im Büroalltag, bei denen sich extrem viel geändert hat.

Die Akzeptanz dieser internen Veränderungen ist für sie eine Frage der Gewohnheiten: „Wir haben am Tag zwei meiner Vorstandstätigkeit umgestellt auf digitale Vorstandssitzungen, das heißt, wir haben die Unterlagen nicht mehr in Aktenordnern, sondern über einen Direktzugang auf iPads oder Smartphones. Das hat auch den Vorteil, dass das aktuelle Dokument immer griffbereit ist und es keine Verwirrungen durch eine Unzahl an Dateiversionen gibt."

Aktuell wird überlegt, inwieweit es Sinn macht, die Fahrer der Müllwagen mit iPads auszustatten. Wielgoß:

Das würde das Kundenmanagement stark erleichtern. Wenn jemand beispielsweise anruft, weil die Tonne nicht geleert wurde, gibt es dafür meistens einen Grund. Wenn dann der Müllwerker direkt fotografieren und ans Service-Center weiterleiten kann, dass der Ladeplatz zugestellt oder die Tür verschlossen war, ist eine andere Kommunikation mit dem Kunden möglich – im Idealfall sogar schon, bevor es überhaupt zu einer Beschwerde kommt. In jedem Fall muss nicht mehr auf den nächsten Tag verwiesen werden.

Insgesamt scheint ihr bei der Müllentsorgung die Einsatzmöglichkeit mit digitaler Technik überschaubar: „Es sind keine großen Effizienzpotenziale ad hoc erkennbar." Anders liege es bei der Kundenbetreuung. „Außerdem sind Vorteile dank digitaler Möglichkeiten bei der Straßenreinigung unmittelbar eingängig. Dort arbeiten die Qualitätssicherer über Fotos. Sie dokumentieren die vorgefundene Situation mittlerweile komplett elektronisch. Dies hilft uns in der Kommunikation nicht nur intern, sondern auch mit unseren Auftragnehmern."

Alf Henryk Wulf sieht von der Basis her ebenfalls wenig Veränderungen in seiner Branche: „Die Erzeugung von Strom, von elektrischer Energie ist ein sehr analoges Geschäft, weil kein virtuelles Gut erzeugt wird. Strom sollte man zwar nicht anfassen, man kann – und muss – ihn jedoch transportieren, da die Bilanz zwischen Erzeugung und Verbrauch stets ausgeglichen sein muss. Das wird sich nicht ändern."

Gleichwohl wird seiner Überzeugung nach die neue Technik Veränderungen mit sich bringen:

Digitalisierung im Bereich der Energieerzeugung wirkt sich im Wesentlichen dadurch aus, dass man viel mehr Komponenten eines Energiesystems, wozu auch der Stromtransport gehört, miteinander ins Zusammenspiel bringen kann. In die Energieerzeugung selbst fließt die Digitalisierung ein, wenn es darum geht, den Zustand von Maschinen besser zu überwachen und daraus Schlussfolgerungen zu ziehen. Das ist vor allem im Servicegeschäft erheblich. Diese Aufrechterhaltung der Kapazitäten und deren Gesundhaltung ist nach wie vor lukrativ und für uns ein großer und wichtiger Markt. Da hat sich eine Menge getan. Es wird auch viel geforscht, wie man aus der Kumulation von Daten und deren intelligenter Kombinatorik auf Zustände rückschließen kann, die man nicht direkt anschauen kann. Das spielt im Servicegeschäft eine wichtige Rolle, denn je besser man das kann, umso geringer sind die Kosten. Unser Ziel ist es also, unser Servicemodell dahin zu bringen, dass wir für das Funktionieren der Anlage garantieren und wir dann entscheiden, wann wir was austauschen. Dann lohnt sich das.

Ein Forschungsprojekt für ein neues Geschäftsmodell ist derzeit am Laufen – es geht dabei um die wirklich durchgängig intermodale Verkehrslösung. Wulf:

Man will von A nach B, und alle Verkehrsträger, die dazwischen möglich sind – zu Fuß laufen, Taxi, Carsharing, Straßenbahn, S-Bahn, Regionalzug, Hochgeschwindigkeitszug, Flugzeug –, werden eingebunden, um die bestmögliche Lösung zu finden. Wir sind da technisch ganz gut unterwegs. Auch im Hinblick auf ein neues Zugführungssystem – European Train Control System Level 2. Das weiß von jedem Zug, wo der sich derzeit aufhält. Die Rückmeldung geschieht über Mobilfunk, und damit kann man tatsächlich eine Online-Verfolgung machen. Das ist ein Sicherheits- und vor allem ein Kapazitätsgewinn, es bietet viele Chancen. Aber es wird noch nicht in der Weise genutzt, wie wir uns das eigentlich vorstellen. Die Systeme, die alle Informationen liefern, machen wir jetzt schon.

Dabei ist sich Alf Henryk Wulf nicht abschließend sicher, ob er selbst als Firma komplett in ein solches Geschäftsmodell hineingehen würde: „Dafür sind dort zu viele Komponenten drin, die nicht von uns kommen. Aber wir würden gern Teile dazu beisteuern, damit das gut und flüssig funktioniert. Deshalb beteiligen wir uns daran."

Gleichzeitig möchte er sich für mehr Komfort beim Bahnfahren stark machen. Wulf ist überzeugt:

Digitalisierung treibt das Verhalten der Fahrgäste. Es ist schlicht nicht mehr durchsetzbar, dass man Züge auf die Reise schickt, in denen die Kunden keinen ordentlichen Internetzugang haben. Unser Hauptmarktsegment sind Regionalzüge, da kommt dann natürlich das Thema Mobilfunkversorgung auch hinzu. Damit verbunden ist natürlich ganz viel zusätzliche Dienstleistung. Der reine Internetzugang ist schön und auch gut, aber warum baut man auf dem reinen Zugang nicht noch viel mehr auf?

Als negatives Beispiel nennt er hier die Zugzielanzeige bei der Bahn:

Es regt uns alle auf, wenn heutzutage die Wagenreihenfolge falsch angegeben wird, obwohl wahrscheinlich seit Stunden bekannt ist, dass diese sich geändert hat. Es gibt überhaupt keinen Grund, diese nicht jederzeit richtig anzuzeigen. Und auch Fahrtzeitenabschätzungen, die nicht stimmen. Das korrekt anzugeben ist heute überhaupt kein Problem mehr. Wenn man die vorhandenen Daten nutzt, kann man es auch so anzeigen, wie es wirklich ist, und aktuell immer wieder verknüpfen. Es fehlt einfach an der schnellen Weitergabe der Daten, idealerweise in Echtzeit.

Für ihn ist das ein gewichtiges Thema. Wulf:

> Wir wollen, dass der Bahnverkehr – die mit Abstand effizienteste und schonendste Variante für Fortbewegung von A nach B, weil er schon jetzt weitestgehend elektrifiziert ist – an Attraktivität gewinnt. Und das ist aus unserer Sicht nicht allein durch hohe Geschwindigkeit, hohe Frequenzen und hohe Sauberkeit zu erreichen. Das alles ist wichtig. Aber zunehmend wird es auch wichtig, das Angebot der Verkehrsleistung besser zu erbringen, als es bislang der Fall ist.

Florian Bieberbach ist sich mit Wulf im Hinblick auf den produktiven Einsatz von IT innerhalb der Energiebranche einig:

> Das ist absolut unbestreitbar. Es gibt kaum einen anderen Bereich, der für Automatisierung und eine totale IT-Durchdringung perspektivisch so geeignet ist. Wo auch immer man hinschaut, gibt es weitere Nutzungsmöglichkeiten. IT ist eine entscheidende Kernkompetenz für unsere Branche. Wir haben hier stabile Prozesse, es sind Massenprozesse, und alles ist hoch automatisierbar. Alles spricht dafür, dass sich IT bei den Energieversorgern langfristig an allen Ecken und Enden durchsetzen muss. Mit

Einschränkungen gilt das auch für den Verkehrsbereich, am wenigsten wahrscheinlich für die Bäder.

Gleichzeitig sieht er durchaus Skaleneffekte durch einen Zusammenschluss mit anderen Stadtwerken:

> Etwa im Bereich von Rechenzentren gibt es sicherlich starke Möglichkeiten, dort können Kooperationsprojekte sehr sinnvoll sein. Da gibt es für uns einen naheliegenden Kooperationspartner, das ist die Stadt München selbst. Die nimmt gerade ganz frisch auf dem Nachbargrundstück ein großes Rechenzentrum in Betrieb. Da ist sicherlich eine stärkere Kooperation in Zukunft sinnvoll. Im Bereich der Anwendungsentwicklung der IT-Projekte sind Skaleneffekte allerdings relativ gering.

Bei allgemeingültigen Themen setzt er auf Standardsoftware, soweit das möglich ist. Dabei ist SAP dominant. Bieberbach: „Alles, was Personal und Finanzen betrifft, wird von dort dazugekauft." Dagegen versucht er, die eigenen Leute auf Themen zu konzentrieren, die einen Wettbewerbsvorteil generieren können und deshalb gerade nicht kooperationsgeeignet sind. Bieberbach:

> Das gilt für spezielle Internetanwendungen, sowohl interne als vor allem auch zum Kunden hin. Da will man besser sein als andere. Natürlich arbeitet man dann auch mit Dienstleistern zusammen. Doch wollen wir dabei selbst Treiber einer Entwicklung sein. In manchen Punkten ist uns das auch ganz gut gelungen. Etwa im Verkehrsbereich sind wir im Marktvergleich sehr gut.

Vor diesem Hintergrund ist er zu der Überzeugung gelangt, dass man das ganze Kernwissen im Unternehmen benötigt: „Wir brauchen Mitarbeiter, die absolut top sind, Top-Informatiker, die genau wissen, was passiert, Dienstleister steuern können und Trends rechtzeitig erkennen. Dabei ist unser Selbermachen nicht in dem Sinne zu verstehen, dass wir gar keine externen Dienstleister mehr beschäftigen. Die beauftragen wir trotzdem noch massenweise." Gleichwohl war man sich am Beginn der Entwicklung über den künftigen Weg nicht unbedingt sicher und einig. Bieberbach: „Als ich hier ins Unternehmen kam, gab es ernsthafte Diskussionen, die IT outzusourcen. Viele entsprechende Anbieter waren unterwegs und boten IT an. Wir haben intensive Gespräche darüber geführt, ob es ein sinnvoller Schritt ist. Ich habe immer gesagt, dass IT eine absolute Kernkompetenz für Energieversorger in der Zukunft ist. Das war vor gut 10 Jahren. Das Unternehmen hat das dann auch konsequent durchgezogen".

Tanja Gönner richtet einen Blick über die Landesgrenzen hinaus: „Im Hinblick darauf, wie sich unsere Geschäftsmodelle und Arbeitsweisen durch die Digitalisierung verändern, ist zu berücksichtigen, dass wir eine besondere Form von Dienstleistungen zu erbringen haben. In denen geht es für uns immer um Veränderungsprozesse. Deswegen sind wir ständig mit der Frage beschäftigt, wo sich was verändert und was das für unsere Dienstleistung bedeutet. Wir haben beispielsweise Projekte, in denen gemeinsam mit großen Anbietern eine App für afrikanische Bauern entwickelt wird, damit die eine schnelle Vorhersage über Marktpreise für ihre Produkte haben. Wir haben präzise zusammengestellt, wie viele unterschiedliche Punkte wir dort heute schon in der Anwendung haben. Das beinhaltet auch die Beschäftigung mit der Frage, worauf wir in Zukunft noch viel intensiver schauen müssen."

Vor dem Hintergrund dieser Internationalität geht sie davon aus, dass manche Entwicklungen, die in Deutschland zu beobachten sind, aufgrund der Digitalisierung einfach übersprungen werden. Als Beispiel nennt Tanja Gönner Banking-Modelle in Afrika:

> Die sind völlig anders als unsere. Die Frage, ob man überhaupt über ein Handy Zugang zu Bankdienstleistungen bekommt, ist ein anderer Ansatz als bei uns, wo es selbstverständlich ist, dass man irgendwann mal irgendwo bei einer Bank ein Konto eröffnet hat. Eines der Beispiele in Afrika hierfür ist M-Pesa, vor allen Dingen in Kenia. Dort kann man tatsächlich einen nicht unerheblichen Teil auch von öffentlichen Vorsorgeleistungen per mobiler Rechnung und Banking-App mit dem Handy bezahlen, z. B. in den Bereichen Müllabfuhr, Elektrizität oder Wasserversorgung.

Von einem Paradigmenwechsel im Bereich der Öffentlichkeitsarbeit spricht Maria Krautzberger: „Es gehört zu unserem Auftrag, die Öffentlichkeit zu beraten und zu Umweltthemen zu informieren. Das machen wir zunehmend mit Publikationen im Internet. Natürlich ist das nicht unbedingt ein neuer Ansatz. Aber wir wollen die Möglichkeiten der Digitalisierung gezielt nutzen. Wir haben auch einen guten Internetauftritt, der sehr gefragt ist."

Um bei dieser Entwicklung mithalten zu können, hat das Umweltbundesamt Experten eingestellt, die für diese Aufgabe zuständig sind. Krautzberger: „Das betrifft auch

Social Media. Wir haben schon seit etwa drei Jahren einen Social-Media-Beauftragten. Twitter und Facebook sind für uns ganz wichtige Informationskanäle, über die wir viele und vor allem auch jüngere Menschen besser erreichen. Damit haben wir als Bundesbehörde auch Neuland beschritten."

Persönlich ist sie jetzt auch auf Twitter aktiv:

> Ich habe mich jetzt auch in die Twitter-Gemeinde begeben. Ich habe festgestellt, dass man viele Informationen zuallererst aus der Twitter-Community erfahren kann, die Presse ist einfach langsamer. Die Informationen sind zwar knapp, sie gehen nicht in die Tiefe, aber sie sind ein Frühwarnsystem.

Für Christoph Straub hat die Digitalisierung zumindest innerbetrieblich den Geschäftsbetrieb bereits revolutioniert: „Seit Mitte 2015 werden sämtliche Papierdokumente, die uns erreichen und die wir aus gesetzlichen Gründen nicht als Papier bearbeiten müssen, eingescannt. Das sind pro Tag etwa 90.000 Schreiben leistungsrechtlichen und zusätzlich rund 30.000 beitragsrechtlichen Inhalts. Wir können dadurch die Arbeit ganz anders disponieren. Was wir nicht können, nicht dürfen und auch nicht wollen ist, den Einzelnen in der Arbeit zu kontrollieren."

Eine Art neues Geschäftsmodell hat sich zusätzlich durch die digitalen Möglichkeiten ergeben. Straub:

> Wir sind die erste Krankenkasse, die den Versicherten eine Bescheinigung zur Arbeitsunfähigkeit gesichert über eine spezielle App zukommen lassen kann. Bei uns ist es auch

möglich, Krankengeld zu beziehen, wenn die Arbeitsunfä-
higkeitsbescheinigung mit dem Smartphone abfotografiert
wurde. Mit einem Berliner Start-up sollen jetzt ein eigenes
Projekt aufgesetzt und weitere Optionen zur Digitalisierung geprüft werden.

Zurückhaltend wegen der Versicherten ist man beim
Nutzen von Wearables: „Es wird regelmäßig der Vorwurf
erhoben, wir würden damit von den Versicherten Gesundheitsdaten abgreifen. Das tun wir selbstverständlich nicht."
Gleichwohl sammelt die Kasse Erfahrungen mit ihrer App
„Fit2Go". Straub: „Bei diesem Produkt haben wir mit
einem der großen Hersteller von solchen Bewegungs-Apps
zusammengearbeitet. Selbstverständlich werden alle erfassten Daten weder bei uns gelesen noch gespeichert."

Hier sieht er einen klaren Auftrag an alle Beteiligten,
sich eindeutige Rahmenbedingungen zu geben, bei denen
die Interessen aller Beteiligten Berücksichtigung finden.
Straub: „Die Digitalisierung des Gesundheitswesens wird
das Thema des 21. Jahrhunderts sein. Bereits jetzt wächst
zum Beispiel der Markt der Internetmedizin rasant. Das
geht aber nicht ohne klare Spielregeln und Qualitätsstan-
dards. Diese wollen wir im Sinne der Patienten maßgeb-
lich mitgestalten. Das ist auch der Grund dafür, dass wir
dem Bundesverband Internetmedizin beigetreten sind, der
eben jene Ziele verfolgt."

Generell sagt Christoph Straub telemedizinischen Behand-
lungsangeboten im Netz eine positive Zukunft voraus:

Viele Bereiche profitieren von der zunehmenden Digitalisierung. Unter anderem wird der medizinische Fortschritt

bei Prothesen, Sensoren und in anderen Bereichen noch einmal deutlich beschleunigt werden. Schon heute verändert die Digitalisierung die Backoffice-Prozesse in den Krankenkassen rasant. Die BARMER GEK fördert darüber hinaus digitale Innovationen, damit unsere Versicherten am medizinischen Fortschritt teilhaben können. So profitieren beispielsweise Jugendliche mit seltenen Erkrankungen von unserem Telemedizin-Projekt ‚PädExpert‘, das es niedergelassenen Ärzten ermöglicht, einen pädiatrischen Facharzt online zu Rate zu ziehen. Mit unserer ‚App auf Rezept‘ können Kinder, die unter einer funktionalen Sehschwäche leiden, spielerisch am Computer ihr Auge trainieren. Und unsere ‚Fit2Go‘-App hilft Anwendern, zu jeder Zeit an jedem Ort mehr Bewegung in ihren Alltag zu bringen.

Gleichwohl erkennt er auch, dass die Entwicklung nicht ohne Widerspruch bleiben wird: „Was wir im Versorgungsbereich machen, wird verständlicherweise insbesondere von den Standesvertretern der Heilberufe nicht immer positiv begleitet. Wir verändern Althergebrachtes und bringen uns verstärkt in die Versorgung unserer Versicherten ein. Immer mehr Mediziner erkennen jedoch den Nutzen dieser neuen Angebote.“

Dennoch versucht die Krankenkasse aktuell in Sachsen-Anhalt ein Modell hochzuziehen, mit dem für die wenigen verbliebenen Hausärzte in der Altmark über Videokonferenzen eine Anbindung an Behandlungsräume in der Fläche geschaffen wird. Dabei gehen die Patienten in Rathäusern oder anderen öffentlichen Gebäuden in einen Raum, der zu einem bestimmten Zeitpunkt als Behandlungsraum genutzt wird. Christoph Straub: „Vor Ort wird der Patient durch eine qualifizierte Pflegekraft begleitet, während der behandelnde Arzt von weiter weg per Videokonferenz zugeschaltet wird."

Hintergrund ist ein fortgeschrittener Ärztemangel in diesem Bundesland. Der ist inzwischen so eklatant, dass auch die kassenärztliche Vereinigung mitmachen möchte. Straub:

> Wir erkennen einen Sinneswandel bei den Standesvertretern der Heilberufe. Die Erkenntnis, dass sich beispielsweise der Ärztemangel ausschließlich mit mehr Geld bekämpfen lasse, gerät zu Recht ins Hintertreffen. Wichtig ist, die Probleme aus der Sicht der betroffenen Patienten zu sehen. Ihnen müssen wir zeitnah helfen und eine adäquate medizinische Versorgung garantieren. Auch aus diesem Grund engagieren wir uns sehr stark.

Bei der grundsätzlichen Frage, was Digitalisierung für die Krankenkasse bedeutet, sieht er viele Dinge abhängig von spezifischen Endgeräten:

> Ich bin überzeugt, dass diese Entwicklung nur funktionieren wird, wenn wir es an das koppeln, was jeder von uns in der Tasche hat – an ein Smartphone. Wenn heute jemand kommt und hat ein bestimmtes neues Gerät, ein separates Device, wird sich das am Markt nicht mehr durchsetzen. Das ist viel zu teuer. Die Konnektivität ist mit dem Smartphone gegeben. Es profitieren jedoch viele Bereiche von der zunehmenden Digitalisierung. Auch die Kundenbetreuung bei Krankenkassen ist mittlerweile ohne Online-Angebote undenkbar. Die Versicherten erwarten zu Recht, dass ihre Anliegen zeit- und

ortsunabhängig erledigt werden. Wir haben daher spezielle Online-Geschäftsstellen eingerichtet. Hier kann man via PC, Smartphone oder Tablet digitale Dienstleistungen wie Videotelefonie, Kundenchats und zahlreiche Self-Service-Möglichkeiten in Anspruch nehmen.

Nach Ansicht von Eckhard Nagel ist im Krankenhaus bis heute die Verbindung verschiedener Regelkreisläufe – z. B. medizinische Diagnostik und Therapie mit Verwaltungsabläufen – unverändert schwierig und wenig effektiv. Statt vernetzter Systeme fänden sich heute noch eine Vielzahl von Insellösungen. Nagel:

> Eigentlich sind wir noch in einem Entwicklungsstadium. Das würde ich für die meisten Krankenhäuser annehmen. Sowohl die elektronische Patientenakte als auch verschiedene Dokumentationssysteme des Controllings sind jedes für sich mehr oder weniger gut, aber laufen meistens noch parallel und ohne Zusammenhang. Damit sind sie für eine vorhersehende Führung eines Krankenhauses als Gesamtheit unbrauchbar. Während viele Systemanbieter versprochen haben, dieses Problem mit ihrer jeweiligen Soft- und Hardware zu beseitigen, läuft vieles langsamer und mühseliger ab, als primär versprochen wurde. Insofern hängt bis heute vieles an kleineren, auch individuell gestrickten Programmen, die man nicht gern abgeben will.

Insofern sei die IT in einem Krankenhaus heute unter verschiedenen Gesichtspunkten zu sehen. Vor allem sind drei verschiedene Ebenen zu betrachten. Nagel:

> Zunächst ist zu klären, was in der Klinik in der jeweiligen Versorgungsstufe tatsächlich medizinisch relevant ist.

Das ist sozusagen eine patientenbezogene Ebene. Dann kommt die Frage der Organisation innerhalb der Organisation. Was ist relevant an betriebstechnischen Daten, an Datensicherheit, an ökonomischen Daten, und wie verhält es sich mit den Schnittstellen zu den Patientendaten? Und drittens stellt sich die Frage, ob es sich um einen singulären Anbieter handelt, der als Krankenhaus vornehmlich mit ambulanten Einrichtungen oder Krankenkassen kommuniziert, oder ob das Krankenhaus Teil eines Verbundes ist, in dem bereits Daten zwischen verschiedenen Einrichtungen ausgetauscht werden müssen. Wenn man zum Beispiel das Universitätsklinikum in Essen betrachtet mit einer Handvoll Krankenhäuser, wird deutlich, wie wesentlich schon Abstimmungsprozesse sind und wie schwierig bisweilen die Datenkommunikation untereinander ist.

Das entscheidende Problem für ihn sei die zentrale Weiterentwicklung der elektronischen Patientenakte. Nagel:

Hier muss ich feststellen, dass die Ansprüche der jeweiligen Fachabteilung von der Anbieterfirma des Systems häufig nicht umgesetzt werden konnten. Die Ärzte haben sehr differenziert formuliert, was sie im klinischen Alltag brauchen. Doch die technischen Lösungen bleiben häufig hinter diesen Forderungen zurück. Und dann ist es oftmals eine finanzielle Entscheidung, ob Strukturen verändert werden können oder ob man suboptimale Kompromisse eingeht. Nicht selten ist Frustration die Folge.

Vor einem solchen Hintergrund sei es insgesamt schwierig, Mitarbeiter und Ärzte zu finden, die sich spontan für mehr Digitalisierung im Krankenhaus begeistern lassen:

„Man ist mittlerweile generell sehr skeptisch gegenüber allen Versprechungen und konzentriert sich eher darauf, was bereits funktioniert. Dazu gehört etwa iDoc. Das System funktioniert alleinstehend wirklich gut, ist aber weit entfernt von einer generellen Anwendungsmöglichkeit."

Eckhard Nagel sieht aber strukturelle bzw. kulturelle Hindernisse, um aktuell ein Krankenhaus IT-technisch auf den modernsten Stand zu bringen, selbst wenn Geld keine Rolle spielen würde:

> Eigentlich sind die Dinge, die heute bereits mit IT geregelt und organisiert werden, viel komplexer als das, was heute im Krankenhaus geregelt werden muss. Aber in unseren Strukturen legen wir großen Wert auf Spezialisierung zum Wohle des Patienten. Das bedingt aber auch, dass 60 oder mehr verschiedene Spezialgebiete für sich ein individuelles Schema beanspruchen. So kommt es nicht selten zu Auseinandersetzungen, wenn diese Spezialisierung bei der Dokumentation unter den Tisch fällt. Dann melden sich sofort die Bedenkenträger und weisen die Entwicklung als unterkomplex zurück.

Für ihn persönlich soll IT auch entlastend sein: „Die Mitarbeiter des Krankenhauses möchten intelligente Modelle so anwenden, dass das spürbar wird. Die Enttäuschung entsteht vor allem auch dadurch, dass diese Entlastung nicht gefühlt wird und sich insoweit eine gewisse Skepsis gegenüber dem IT-Bereich eingestellt hat."

Ein zusätzliches Problem umschreibt er so:

> Die IT soll helfen, Abläufe schneller, besser und transparenter zu organisieren und zu dokumentieren. Aber das ist

natürlich für Ärztinnen und Ärzte nur von sekundärem Interesse. Sie wollen ja vor allen Dingen den Patienten helfen. Gepaart mit einem grundlegenden Misstrauen, führen die Schwierigkeiten bei der Implementierung der IT im Gesundheitswesen zu einer unterschwelligen Ablehnung, die im ambulanten Bereich noch stärker spürbar ist als im Krankenhaus. Auch hier soll alle Technik primär dazu dienen, Patienten medizinisch besser zu versorgen. Firmen, die sich darauf spezialisiert haben, Praxen mit IT-Equipment auszurüsten, unterschätzen nicht selten die Komplexität dieses Anspruchs. Auch das führt zu Frustration und mag mit erklären, warum im ärztlichen Gespräch die IT häufig so schlecht wegkommt.

Auch für die Pharmabranche ist das Geschäft in den letzten Jahren zunehmend komplexer geworden. Stefan Oelrich umreißt diesen Fakt so: „Wir haben uns nach außen geöffnet und vernetzt, um möglichst viele der guten Ideen hereinzuholen – wir nennen das ‚open innovation'. Wir fragen also, mit welchen externen Partnern wir uns verbinden können, um gemeinsam Neues zu entwickeln. Jeder weiß etwas, und durch die Vernetzung weiß man gemeinsam deutlich mehr."

Für dieses Prinzip ist Deutschland neben den USA und Frankreich einer der wichtigsten Plätze. Oelrich: „Wir teilen uns mit den Forschungsstellen, etwa der Charité in Berlin, dann auch die Patente." Dabei räumt er auch ein, dass man insgesamt noch am Anfang dieser Reise steht. Bislang ist keines der Produkte auf dem Markt auf diese neue Art und Weise entstanden. Oelrich: „Das fängt jetzt erst an. Denn es gibt kaum eine langsamere Industrie als unsere. Von der Idee bis zur Umsetzung in ein biologisches oder ein chemisches Produkt, das dann beim Menschen, beim Patienten ankommt, sind zwischen fünf und zehn Jahre vergangen."

Die Situation insgesamt und besonders im Hinblick auf die zunehmende Digitalisierung im Gesundheitsbereich umschreibt Oelrich so:

> Medizin verändert sich Jahr für Jahr durch neue Therapiemöglichkeiten. Dazu gehören Arzneimittel als Form der Therapie – darüber muss der Arzt sich natürlich informieren. Der Arzt um die Ecke hat keine Zeit, jeden notwendigen medizinischen Kongress zu besuchen, um sich zu informieren. Auch heute noch ist die Nummer eins als Quelle der Information der Pharmareferent. Das gilt nicht unbedingt für Spezialisten, auf alle Fälle jedoch für Hausärzte. Was zusätzlich kommt, sind digitale Informationen. Dabei ist es nicht nur mehr der Arzt, der sich informiert. Es ist auch der Patient. Wir diagnostizieren uns doch alle heutzutage permanent selbst. Und wie machen wir das? Über Google. Natürlich läuft man Gefahr, unwissentlich auf unqualifizierte Informationen zurückzugreifen. Oft liest man über seine Krankheit die schlimmsten Dinge. Dann geht man zu seinem Arzt und glaubt, alles schon zu wissen. Der Arzt muss mit dieser Art von Wissen des Patienten umgehen können. Er muss diese Kanäle irgendwie abdecken können. Und einer der Sender und Empfänger solcher Nachrichten sind natürlich auch wir aus der Industrie.

Oelrich unterstreicht an dieser Stelle, dass nach seiner Überzeugung die Informationen aus der Pharmaindustrie neutral und objektiv sind:

Wir sind qualitätsgeprüft. Wenn der normale Patient in einem Blog liest, impfen ist schädlich, dann glaubt er das, zumal wenn es bereits Follower gibt. Oft geht das mit Angriffen gegen die Pharmaindustrie einher, ohne tiefer in die Materie einzudringen. Die Pharmaindustrie muss seriös informieren. Denn spätestens ein Wettbewerber wird sicherstellen, dass das, was gesagt wird, auch korrekt ist. Wir sind vollständig kontrolliert und können es uns gar nicht leisten, Falsches zu sagen.

Grundsätzliches erwähnt Frank Riemensperger. Seiner Ansicht nach ist der Kampf um die neuen Geschäftsmodelle voll entbrannt, wie das Beispiel des autonomen Fahrens zeige. Er macht dabei auf gravierende Unterschiede zwischen dem Denken bei uns und in den USA aufmerksam:

Wenn unsere Autobauer überlegen, wie die Zukunft aussieht, steht das Auto im Mittelpunkt. Wenn die Amerikaner sich darüber Gedanken machen, sehen wir nur die Bildchen mit zwei Leuten in einer Kapsel, die sich bewegt. Die beiden Mitfahrer sitzen am Bildschirm und spielen oder essen Pizza, während das Auto von allein fährt. Daran ist zu erkennen: Wir kommen aus dem Produkt, die kommen aus dem Kundenerlebnis.

Riemensperger empfiehlt einen neuen grundsätzlichen Ansatz. Seine Gedanken dazu:

Deutschland ist eine zutiefst produkt- oder ingenieursgetriebene Gesellschaft. Wir können Supply Chains, Operations, Produkte und Export gut. Entsprechende

Strukturen sind in den Unternehmen wahrscheinlich über Generationen gewachsen. Den Unternehmen zu sagen: Ihr müsst kollektiv morgen früh ganz anders denken. Oder: Ihr müsst kollektiv über andere Kundenerlebnisse nachdenken – das bringt nichts. Da kann man auch versuchen, einen Elefanten zum Tanzen zu bringen. Deswegen haben wir mit der Acatech zusammen die ‚Smart Service Welt' gemacht.

Seiner Überzeugung nach wird es nicht gelingen, die DNA der Industriestruktur unseres Landes über Nacht zu verändern. Vielmehr müsse man sich aus seinen Stärken heraus entwickeln und die Chancen der Digitalisierung aus den eigenen Stärken realisieren. Riemensperger: „Es bringt nichts, bei den anderen zu gucken und zu sagen, die sind anders, und dann zu versuchen, es zu kopieren."
Er sieht die deutschen Stärken in unseren Produkten:

Da ist Deutschland vorn. Wir bauen die besten digitalen Autos. Auch bei Medizingeräten, Röntgengeräten, Logistik sind wir ziemlich an der Spitze. Bei den digitalen Produkten sind wir also gut, ebenso bei dem Thema Talent, wenn es um Produkte geht. Gleiches gilt beim Thema physische Welt, also wenn es darum geht, draußen etwas zu reparieren, wenn es darum geht, vernetzte Systeme zum Laufen zu bringen. Aus diesen Stärken heraus müssen wir die neuen Geschäftsmodelle suchen. Das ist das Credo der ‚Smart Service Welt'.

In jedem der großen Unternehmen hätte er Leute im Vorstand oder auf der Ebene darunter getroffen, die das verstanden haben. Der Weckruf sei also erfolgt. Dennoch ist Frank Riemensperger beim Blick nach vorn nicht nur optimistisch: „Ob das dazu führt, dass ein Unternehmen seine Ausrichtung, seine Forschungstätigkeit oder sein Produktportfolio ändert, das sehe ich etwas verhaltener. Zwischen der Erkenntnis, dass da etwas passiert, und einem Umsteuern in der eigenen Firmenstrategie gibt es bei uns starke Verzögerungseffekte. Die werden durch den Bestand und vielleicht auch durch die Börse gesteuert."

Für Accenture sei es wichtig, Sicherheit in der Beurteilung darüber zu gewinnen, was in der Welt passiert:

Man braucht so etwas wie eine gefühlte Richtung. Deshalb haben wir unserem Strategieprozess auch sehr viel Zeit gewidmet und uns gefragt, ob wir daran glauben, dass es so kommt. Und wir haben uns dazu entschlossen, das jetzt auf eine geänderte Weise zu machen. Die Leute, die uns verlassen, waren vielleicht Anwendungswarter. Dafür stellen wir als nächstes jemanden ein, der verschiedene Anwendungsplattformen in der Cloud bauen kann. Diese Personen gibt es direkt von der Uni. Deswegen ist unser System nicht kopierbar. Das, von dem wir denken, dass der Kurs dorthin geht, nennen wir Nordstern. Da schauen wir jedes Jahr neu, steuern nach, und manches geht schneller als gedacht, etwa die Entwicklung der Cloud. Die Digitalisierung ganzer Geschäftsmodelle in den deutschen Leitindustrien ist dagegen langsamer, als wir ursprünglich eingeschätzt hatten.

Er empfiehlt deutschen Unternehmen, sich ebenfalls um die Navigationsfähigkeit Gedanken zu machen. Frank Riemensperger:

Sie brauchen einen Nordstern für die Geschäftsmodelle und eine Navigationsfähigkeit, die wahrscheinlich für uns normal trainiert ist, bei ihnen aber fehlt. Ich kenne Unternehmen, die weniger als 3 Prozent Fluktuation und eine Belegschaft haben, die im Schnitt 40 bis 50 Jahre alt ist. Für ein digitales Kundenerlebnis muss man anders denken. Wir können das reintreiben in unsere Firma. Doch wenn man eine Mannschaft hat, die gemeinsam nicht mehr lernt, ist das schwierig, und einige Unternehmen in Deutschland sind in dieser Situation.

Für Rada Rodriguez ist die Suche nach dem eigenen Nordstern noch nicht abgeschlossen. Klar jedoch ist für sie, dass Digitalisierung mehr bedeutet als E-Commerce:

Natürlich meint Digitalisierung zunächst einmal neue Geschäftsmodelle. Doch was genau steckt dahinter? Die meisten bleiben heute bei E-Commerce stehen. Doch das ist zu kurz gedacht. Der größte Elektrogroßhändler Deutschlands hat heute über 35 Prozent Umsatz durch E-Commerce oder E-Purchase. Die wollen gezielt auf 50 Prozent kommen. Das ist für mich aber nur die erste Ebene, wenn wir über die Digitalisierung sprechen.

Momentanes Schutzschild für ihr Unternehmen ist der klassische Handwerker, der die Produkte noch einbauen muss. Rodriguez:

Solange der an unserer Wertschöpfungskette beteiligt ist, wird ein Amazon oder ein eBay in diese Branche nicht reinkommen. Bei uns geht es insgesamt vor allem um ein dreistufiges Geschäft, das sehr strukturiert ist. Der

Handwerker arbeitet mit einem Großhändler zusammen, und der wiederum kauft von einem Hersteller. Diese Dreistufigkeit ist wahnsinnig strukturiert in Deutschland. Und sie zu zerreißen, an ihr vorbeizugehen – das ist schwer.

Vorn auf der Agenda steht bei ihr der Wettbewerb um die Nutzung der Daten:

Neue Dienstleistungen sind definitiv wichtig. Der Kampf zwischen den einzelnen Unternehmen liegt hier darin, sich mit den Kunden zu vernetzen. Es geht für mich als Hersteller um die Frage: Wie kann ich den Kunden an mich binden? Ich kann dies erreichen, wenn ich seine Daten habe und wenn ich daraus durch Algorithmen Geschäftsmodelle für ihn entwickle. Darin sehe ich einen Riesenkampf, hier kommt es auf die Wettbewerbsfähigkeit an. Welches von den Unternehmen bindet mehr Kunden an sich? Dasjenige, das die Kunden über irgendeine Plattform an sich bindet und so Zugang zu den Daten hat, gewinnt in diesem Punkt der Digitalisierung.

Große Möglichkeiten der Veränderung sieht sie in der Art der Kunden-Interaktion:

Wir sprechen sie mittlerweile auch digital an, werben digital. Dabei glaube ich, dass Deutschland sich ein bisschen schwertut, weil es eher konservativ ist. Wenn ich das mit Skandinavien vergleiche, wo ich etwa 25 Jahre gelebt habe, läuft es dort schon lange völlig anders. Schon vor 15 Jahren habe ich in Schweden alle meine Bankgeschäfte über Internet abgewickelt. Und das mit einer Technik, die damals schon weiter entwickelt war als alles, was ich jetzt in Deutschland bekomme. Ich glaube, man ist bei dieser Interaktion in Deutschland noch gewohnt, dass jemand hinter dem Schalter steht.

Ein anderer wichtiger Aspekt ist für sie das Outsourcing. Rada Rodriguez ist überzeugt:

> Bei fortschreitender Digitalisierung wird auch das viel leichter gehen. Dann nämlich spielt es keine Rolle mehr, wo ich sitze. Dabei muss Outsourcing aber nicht die Auslagerung irgendwo nach Asien bedeuten. Es kann auch in Deutschland sein. Deutsche Firmen können sich sicher spezialisieren, um ein Customer Care Center zu werden. Denn ich würde das Outsourcing nicht gern in Osteuropa sehen, sondern möchte es in Deutschland haben.

Was sie gleichzeitig als künftiges Geschäftsfeld vorhersagt, ist eine Änderung des Besitzermodells, wie es beispielsweise beim Carsharing bereits intensiv der Fall ist. Rodriguez:

> Man mietet Dinge und lässt sie dann wieder zurück. Das wird auch in unserer Branche kommen. Wir denken da an ganz unterschiedliche Möglichkeiten. Ich könnte zum Beispiel dem Energieversorger ein Energie-Management-System hinstellen und dann nur Gebühren erheben. Ich verkaufe es also nicht mehr, sondern nehme nur einen jährlichen Kostenbeitrag. Wir reden über solche Modelle, doch sind wir bei Schneider Electric noch nicht so weit.

Erich Sixt sieht sich seit jeher als digitalen Fan: „Wir haben schon 1969 Software entwickelt. Das hat im

Leasinggeschäft begonnen, bei dem wir das Flottenmanagement für Kunden betreiben. Damals habe ich nicht genügend Programmierer bekommen und mir dann gesagt, dass ich es genauso gut selbst programmieren kann, bevor ich das einem Programmierer alles beigebracht habe."

Wobei er einräumt, manchmal zu früh mit seinen Ideen am Start gewesen zu sein:

Ende der 90er Jahre, während des Internet-Hypes, wollten wir im Internet Gebraucht- und Neuwagen, Reisen, Flüge und noch vieles mehr verkaufen. Außerdem sollte man Hotels über uns buchen können. Das Ganze nannten wir e-Sixt. Das habe ich vorangetrieben und dafür erstmals mit einem Bild von mir in der Zeitung geworben. Das war mein jetziges Gesicht mit vielen Falten. Es stellte ‚das alte' Sixt dar. Für ‚das neue', durch das Internet verjüngte Sixt, also e-Sixt, hatten wir mein Gesicht entsprechend per Computer ‚verjüngt'. Aber wir waren damit ein bisschen zu früh dran.

Dennoch sieht er e-Sixt keineswegs als Fehlschlag: „Es hat uns immens geholfen, weil wir im Zuge der Entwicklung dieser Mobilitätsplattform auch unsere konventionelle Software weiterentwickelt haben. Wir haben im Augenblick 200 Personen, die in der IT-Entwicklung arbeiten. Sie entwickeln jetzt auf breiter Front unsere konventionelle Webpage, sind im Social-Media-Bereich aktiv und bauen unsere Apps."

Der Beginn von CarSharing sei ein Experiment gewesen, eine Wette auf die Zukunft. Erich Sixt:

Wir hatten vorab keine empirische Forschung, wie es ein Hersteller gemacht hätte. Dann hätte man es aber auch nicht so schnell auf die Beine gestellt. DriveNow hatte eine Entwicklungszeit von nur sieben Monaten. In dieser Zeit haben wir bei Sixt die gesamte Software entwickelt. Es war viel Arbeit, doch es hat funktioniert.

Dabei sei er „völlig verblüfft" vom Erfolg dieses Geschäftsmodells gewesen. Sixt: „Was sich da getan hat, hätte ich vor einigen Jahren nie für möglich gehalten. Dass es jede Menge Menschen gibt, die sich kein Auto mehr kaufen, erschien mir unvorstellbar."

Als Trendsetter für Innovationsideen sieht er übrigens den CEO in der Pflicht: „Es ist seine Aufgabe, auch solche Gedanken zu haben." Bei Sixt sei von Vorteil, dass die beiden Söhne Konstantin und Alexander, Jahrgang 1979 und 1982, seit Jahren im Unternehmen tätig seien und seit 2015 auch im Vorstand. Sixt: „Konstantin ist für den gesamten Vertrieb zuständig, aber auch für E-Commerce und Digitales. Alexander ist vor allem zuständig für die Organisation, M&A sowie für neue Mobilitätsangebote wie DriveNow und MyDriver. Meine Söhne sind also extrem digitalen Lösungen zugewandt und haben einen Vater, der auch Fan ist."

Michael Kaschke fragt sich an dieser Stelle kritisch, ob die Sache mit den Innovationsideen, die anstehende digitale Entwicklung, frühzeitig genug zum globalen Thema für das Gesamtunternehmen erhoben wurde:

Wir waren selektiv unterwegs, haben es nicht zum wesentlichen Teil unserer Strategie gemacht. Es ist uns erst vor drei Jahren klar geworden, dass solche Lösungen punktuell in einigen Bereichen eben nicht ausreichten, sondern dass wir das gesamte Unternehmen transformieren müssen. Wesentliches Thema ist dabei auch, dass wir neue Geschäftsmodelle finden müssen, und hierfür sind wieder ganz andere Eigenschaften und Kenntnisse gefragt.

Nach seiner Überzeugung hat die Bewältigung digitaler Herausforderungen nicht nur etwas mit Software-Entwicklung zu tun. Es gehe vor allem darum, sich im Kopf mit möglichst vielen zu vernetzen. Kaschke: „Das Zusammenbringen von unterschiedlichen Kompetenzen und Sichtweisen, das ist mein Grundplädoyer, und unser Teamansatz hier im Unternehmen geht genau in diese Richtung. Dort will ich ganz verschiedene Themen zentral positioniert haben und die Leute vernetzen."

Rückblickend meint Kaschke, dass die Vielzahl datenbasierter Geschäfte bei der Carl Zeiss AG ihn schon viel früher zu der heutigen Einstellung hätten bringen können:

Wenn jemand nur ein Zulieferteil für Optik macht oder nur Hardware-Komponenten liefert, ist es nachvollziehbarer, wenn man nicht gleich die Notwendigkeit und den Nutzen der Digitalisierung sieht. Aber wir bei ZEISS sind in einigen Bereichen relativ früh aktiv gewesen und sind z. B. in der Medizintechnik schon Mitte der 2000er mit Vernetzungslösungen von Arztpraxen gestartet. Dennoch ist auch bei uns erst mit der Zeit die Erkenntnis gereift, dass man das Thema Digitalisierung für eine Transformation des Unternehmens benutzen muss. Es geht dabei nicht nur um die externen Prozesse zum Kunden, sondern

auch darum, interne Abläufe und die Art des Zusammen-
arbeitens zu ändern.

Kaschke ist sich sicher, dass die Initialzündung für die
gesamten Prozesse von oben getrieben werden musste:
„Vom Vorstand aus. Anders wäre es auch nicht gegangen.
Erst mal war mein Ansatz also: Das benötigen wir. Das
Zweite war dann eine Bestandsaufnahme mit externer
Hilfe: Wo stehen wir? Wir haben das ‚Cold Eye Review‘
genannt. Die Fragen waren also: Was gibt es schon? Wo
fehlt uns was? Was sind schon gute Ansätze?“

Bei der Umsetzung haben dann klare Denkvorgaben
geholfen. Man wollte nicht Digitalisierung um der Digitalisierung willen haben, sondern „at scale“. Kaschke: „Wir
sind ein 4,5-Milliarden-Unternehmen. Und wenn wir das
Thema angehen, geht es nicht darum, ein kleines Start-up
zu gründen oder als eine Art Alibiveranstaltung für Digitalisierung eine Beteiligung zu halten. Es geht vielmehr um
große Geschäfte und neue Geschäftsmodelle.“

Die Aufgaben wurden in zwei weitere Kategorien
gesplittet. Kaschke:

Zum einen ging es dabei um die Frage: Wo müssen wir
unsere bestehenden internen Prozesse und unsere bestehenden Lieferungen an Kunden und Kundenlösungen
digital neu gestalten, also Re-engineering betreiben? Der
andere Punkt: Was kann man sich an völlig neuen Model-
len vorstellen, die wir heute gar nicht betreiben im Sinne
von – Re-imagine? Diese drei Punkte – ‚Digital at scale‘,
das ‚Re-engineering bestehender Prozesse und Kundenlösungen‘ und die ‚Suche nach komplett neuen Geschäften

auf digitaler Basis, also Re-imagine' – werden jetzt durch das Programm ‚Winning in the Digital World' vorange-trieben, in dem ich persönlich den Vorsitz übernommen habe.

Für Karl-Heinz Streibich vollzieht sich durch die zuneh-mende Einführung neuer Techniken ein grundlegender Wechsel:

> Die Digitalisierung stellt nahezu alles auf den Kopf. Neue, vollständig digitalisierte Start-ups verwerfen das Geschäftsmodell zahlreicher traditioneller Unternehmen. Dabei profitieren sie von ihrer Flexibilität: Sie besitzen typischerweise keine eigenen Assets, sondern basieren ihr Geschäftsmodell auf Softwareplattformen und können damit viel schneller und besser skalieren. Die neuen digi-talen Gewinner von heute schaffen es dank intelligenter Softwareplattformen flexibel und einfach, neue Kunden-ströme an sich zu ziehen. Hierbei handelt es sich nicht nur um eine lineare Innovation, es ist vielmehr eine disruptive Innovation.

Dieses Ganze habe verschiedene Auswirkungen für die Firma selbst und auch für das, was man offeriere. Streibich:

> Wir helfen klassischen Firmen, digitale Unternehmen zu werden, indem wir gemeinsamen mit ihnen ihre eigene digitale Plattform aufbauen, die kontinuierlich weiterent-wickelt werden kann. Durch neue Produkte und Updates können Unternehmen ihre Geschäftsprozesse in einer Geschwindigkeit darstellen, die man vorher nicht kannte.

Diese Echtzeit-Innovationen herauszuarbeiten ist für viele Unternehmen eine große Herausforderung.

Für eine Lösung aus dem geschilderten Problem gäbe es kein Allheilmittel. Die Veränderung einer Firmenkultur müsse vom CEO ausgehen und sei natürlich eine Evolution. Streibich:

> Wir haben das durch Vorleben und durch Dialoge geschafft. Wir sprechen in jeder Vorstandssitzung über Strategie, Positionierung und vor allem über neue Erfahrungen mit Kunden. Daraus ziehen wir dann Konsequenzen. Das muss jede einzelne Führungskraft vorleben, mit Offenheit und Flexibilität. Zuhören statt nur reden, von außen nach innen statt umgekehrt denken.

Fraglich ist, wie weit Anregungen aus den Ideen von Karl-Heinz Streibich von den Unternehmen insgesamt umgesetzt werden könnten. So sieht Michael Vassiliadis den Mittelstand zukünftig unter ziemlichem Trouble:

> Bei denen trifft sich der Fachkräftemangel. Außerdem haben sie häufig nicht die eigenen Ressourcen, um das überhaupt inhaltlich zu verarbeiten. Sie brauchen natürlich auch Berater – und es wird dann aufwendig und teuer. In diesen Unternehmen beobachte ich immer eines: Wenn die Zeiten richtig gut sind, haben sie keine Zeit, und wenn die Zeiten schlecht sind, haben sie kein Geld. Das ist teuflisch. Hier muss etwas passieren.

Als mögliche Lösung könnte er sich vorstellen, dass man bei der Beratung, Erörterung, Forschung und

Systematisierung im Umfeld von 4.0 viel stärker zusammenarbeitet. Am Ende sei es eine Gesamtherausforderung für die deutsche Wirtschaft und nicht nur ein Wettbewerbsvorteil für einige.

Vassiliadis verweist darauf, dass seine Gewerkschaft durchaus auch Vorreiter ist:

> Die BCE hat Branchen, in denen wir das Thema Sozialpartnerschaft richtig leben. Wir haben Vertrauenskontexte und Zusammenarbeitsformen, die für die anderen immer noch etwas fremd sind. Denn das, was wir hier diskutieren, hat fast schon eine Consulting-Qualität. Wir gelten trotz dieser entwickelten Sozialpartner-Kompetenz immer noch eher als zuständig für die Gestaltung sozialer und arbeitspolitischer Themen.

Als zweite Rolle, die er gern hätte, nennt er eine industriepolitische:

> Aber auch eher als Standort-Verteidigung gegen dunkle Mächte, etwa wirre Politik. Hier fände ich hochinteressant, unsere Kompetenz sozusagen einen Schritt weiter zu entwickeln. Als Brückenbauer zwischen Konkurrenten zu agieren, in Feldern, von denen man sagt, das sind eigentlich Felder, in denen Zusammenarbeit angesagt ist. Wir könnten in dem System der Sozialpartner dafür sorgen, dass wir quasi wie ein Notar garantieren, dass nicht irgendetwas geklaut wird und man stattdessen zusammen kooperative Arbeitsräume schafft.

Dabei könnte er sich vorstellen, dass man dieses System durchaus für eine Branche und andere Kontexte organisiert. Vassiliadis:

Im Grunde läuft das auf ein erweitertes Geschäftsmodell der Gewerkschaft hinaus. Denn wir können den Vertrauens- und Regulierungsrahmen für solche Initiativen bieten. Dabei könnte uns auch Technologie selbst wieder helfen. Wenn man dann noch eine dritte Brücke in die Politik baut, kann man viele Verklemmungen – der eine wartet aufs Geld vom Staat, der nächste sagt, er soll erst mal selbst etwas machen – lösen. Das wäre für unser Geschäftsmodell BCE eine Fortschreibung der Wertschöpfungskette. Ob das am Ende trägt, muss man sehen.

Gewerkschaftskollege Jörg Hofmann betont dagegen Punkte, die das eigene, innere System betreffen. So nutzt die IG Metall die neuen technischen Möglichkeiten besonders aktiv im Hinblick auf Mitgliederbetreuung. Jörg Hofmann:

> Wir können dadurch bereits heute viele sehr zielgruppenspezifisch ansprechen. Dieser Weg ist in den ersten Schritten erfolgreich, aber er muss natürlich noch weiter ausgebaut werden. Die zukünftige Mitgliederbetreuung wird viel individueller möglich sein. Das ist sicher ein sehr wichtiger Punkt. Dies ein ‚neues Geschäftsmodell' zu nennen wäre allerdings übertrieben.

Parallel dazu und im Hinblick auf grundlegende Änderungen durch die neuen Möglichkeiten arbeitet die Gewerkschaft gerade auch aktualisierte Betreuungskonzepte für Einzel-Mitglieder aus. Hier geht es auch um die Möglichkeit, dass die sich zusammenschließen. Hofmann: „Sie könnten sich dann also virtuell organisieren."

Insgesamt ist in der IG Metall die allgemeine Erwartungshaltung zu erkennen, dass man deutlich beteiligungsorientierter sein will und muss. Jörg Hofmann:

> Damit stellt sich die Kommunikations-Frage als eine höchst zentrale heraus. Das treibt natürlich die Veränderungsprozesse. Es gibt in der IG Metall darüber aber keinen Streit etwa in der Hinsicht, dass man sagt, wir möchten nur noch eine virtuelle IG Metall haben. Vielmehr kann man vermutlich sagen, die Not treibt einen in die Virtualität hinein. Und dadurch kommen neue Anwendungsmöglichkeiten zutage, an die man vorher gar nicht gedacht hat.

Ein anderer Punkt, der mit der fortschreitenden Digitalisierung zusammenhängt, wird in der IG Metall gerade intensiv diskutiert. Hofmann:

> Es geht da um Home-Office und den Wandel älterer Arbeitsformen. Arbeit heute bringt zunehmend eine Änderung in Bezug auf den Ort der Leistungserbringung mit sich. Das hat natürlich gravierende Auswirkungen. Gleiches gilt für die Verschiebung von Arbeitszeiten, in deren Folge sich ganze Abteilungen oft nur noch ein oder zwei Stunden am Tag sehen. Das bringt uns zu der Frage: Wie organisiert man angesichts solcher Veränderungen die gewerkschaftliche Vertretungspraxis? Was heißt das für Vertrauensleute-Arbeit heute? Auch da spielen natürlich die Möglichkeiten der IKT und die Tatsache, dass jeder sein Smartphone hat, eine bedeutsame Rolle.

Frank Appel sieht sein Unternehmen bereits als Profiteur der digitalen Entwicklung, und zwar im Versenden von Waren. Gleichzeitig weiß er: „Die Herausforderung besteht darin, einen möglichst großen Anteil an dieser Entwicklung zu haben. Das ist möglich, denn insgesamt stehen alle immer noch am Beginn eines Umbruchs."

Weltweit gesehen stellt Frank Appel fest, dass es international eine größere Offenheit für digitale Veränderungen gibt als in Deutschland:

> In Deutschland reagieren wir in vielen Fällen eher mit Sorge und sehen das Positive an einer neuen Entwicklung nicht. Das war aber nicht immer so. Deutschland war einmal ein Land, das von Veränderung und Innovationsgeist getrieben wurde. Das ist heute leider etwas anders. Eigentlich sollten wir doch sehr leicht mit Technologiewandel umgehen können, da wir hier ein hohes Bildungsniveau haben. Doch wir sehen zunächst immer die Schattenseiten und weniger die möglichen Vorteile.

Auch im Hinblick auf neue Geschäftsmodelle beobachtet er Ähnliches:

> Da sind wir vielleicht zu vorsichtig. Viele Menschen gehen lieber in den sicheren Staatsdienst, als dass sie ein Unternehmen gründen. Das liegt sicherlich zum Teil auch daran, dass wir eine relativ niedrige Fehlertoleranz haben. Wenn man unternehmerisch unterwegs ist, dann kann auch etwas schiefgehen. Wenn das nicht mehr akzeptiert wird, dann erstickt man Unternehmertum im Keim.

In diesem Zusammenhang plädiert Frank Appel für mehr Offenheit:

> In anderen Ländern sind die Menschen begeistert, wenn jemand etwas Neues ausprobiert. Es wird gelobt, selbst wenn das Projekt am Ende scheitert. Vielleicht sollten wir auch hierzulande ein wenig die Perspektive ändern: Helden können auch diejenigen sein, die gescheitert sind, und nicht nur diejenigen, die erfolgreich waren.

Seiner Überzeugung nach beginnt das schon in der Schule, wo den Kindern zu wenig Möglichkeiten eingeräumt werden, auch einmal Risiken einzugehen. Appel:

> Wir messen immer nur danach, ob die Schüler eine gute Arbeit geschrieben haben. Wir achten zu wenig darauf, ob der Einzelne eine neue Idee hatte, ob er kreativ war oder aus dem Rahmen fiel. Das ist schade, denn so etwas brauchen wir. Deswegen finden wir in Deutschland fantastische Informatiker, die – akademisch ausgebildet – wahrscheinlich zu den besten der Welt gehören. Aber wir haben nur wenige Start-up-IT-Leute. Unsere IT-Leute sind IT-Unternehmer. IT-Unternehmer kommen einer Organisation wie Deutsche Post DHL Group natürlich sehr zugute. Es sind aber nicht die idealtypischen Menschen, um ein Start-up hochzuziehen.

Cyber Security und Business Continuity sind für ihn relevante Themen, die innerbetrieblich intensiv diskutiert werden. Appel:

Es ist von größter Wichtigkeit, dass wir unser globales Netzwerk als Ganzes schützen. Der Betrieb muss weiterlaufen, auch wenn es irgendwo ein Problem gibt. Unser Service SIMSme setzt genau hier an. Das Wertversprechen besteht darin, dass die übermittelten Nachrichten so verschlüsselt werden, dass sie niemand hacken kann. Unsere IT-Leute stellen sicher, dass dieses Wertversprechen auch wirklich eingehalten wird.

Appel räumt ein, dass Deutsche Post DHL Group in angestammten Feldern durch die Digitalisierung herausgefordert werde:

Wir erleben sozusagen beide Facetten – Treiber und Getriebene – als neue Opportunität. Das gilt eigentlich für alle unsere Geschäfte. Der Umbruch findet gerade in allen Bereichen der Logistik statt und hat Auswirkungen auf unser Geschäft. Wir verändern Geschäftsmodelle und nutzen neue Chancen für mehr Produktivität und neue Formen der Zusammenarbeit.

Grundsätzlich überprüft er die neuen Technologien stets darauf, inwieweit sie helfen können, Dienstleistung nachhaltig zu verbessern. Appel: „Ich sehe zwei Facetten. Zum einen verbessert neue Technologie die Logistikdienstleistung als solche. Zum anderen hilft Digitalisierung mit, unsere Mitarbeiter produktiver zu machen. Das eine ist eher extern, das andere eher intern. Oft geht es einfach darum, mit besseren Daten neue Produktideen anzubieten."
Nach seiner Ansicht liegt das größere Potenzial aber dort, wo durch neue Technologien eine Produktivitätssteigerung gelingt. Dieses gelte für die Service-Industrie generell.

Man muss verstehen, was die Kunden wollen. Frank Appel: „Unsere grundlegenden Kernkompetenzen liegen nicht im Kaufen und Verkaufen von Produkten. Sie liegen beim Transport, der bereitgestellt werden muss, um alles miteinander zu verknüpfen. Meiner Meinung nach überfordert es eine Organisation, wenn man sie nicht klar fokussiert."

Im Hinblick auf den Verkauf benennt Appel allerdings auch eine Ausnahme aus dem Bereich Nahrungsmittel: „Hier gab es keinen, der richtig ran wollte. Deshalb haben wir in diesem Bereich einen Vertrieb aufgebaut. Es wäre doch schade, wenn man alles im Internet kaufen kann, nur Waren des täglichen Bedarfs nicht. Statt mit hohem Zeitaufwand in einen Laden zu gehen und immer wieder das Gleiche zu kaufen, ist es einfacher, diese Dinge online zu bestellen. Deswegen haben wir angefangen, uns in diesem Markt selbst zu engagieren."

Nach Appels Überzeugung geht es hier generell um die Abwägung der Frage, ob man Digitalisierung als Bedrohung oder als Chance für das eigene Geschäftsmodell sieht. Deshalb müsse man sich fragen:

> Welche Kannibalisierungs- oder Substitutions-Gefahren gibt es? Man muss diese Gefahren aktiv angehen und dabei auch bereit sein, sein eigenes Produkt zu kannibalisieren. Sonst verliert man auf lange Sicht beim Umbau des Geschäftsmodells.

Vor diesem Hintergrund müsse auch die Einführung des E-Postbriefs gesehen werden. Frank Appel: „Es gibt keinen anderen, der ein solches Produkt hat. Egal, um welche Industrie es sich handelt – man muss sich immer folgende

Frage stellen: Was verändert meine Produkte und kann sie substituieren?"

Es könne immer passieren, dass Kunden ihr Verhalten schlagartig ändern. Digitale Veränderungen seien stets möglich. Das unterscheide sich jedoch nach Branchen und Konsumentengruppen. Appel:

> Business-Kunden reagieren oft langsamer, als es der private Verbraucher tut. Ein Beispiel: In Unternehmen ist Microsoft noch sehr präsent, im privaten Bereich hat in weiten Teilen eine Umstellung auf Apple stattgefunden. Auch beim Thema E-Mail-Versand ist die Wahrnehmung noch sehr unterschiedlich. Während die fehlende Vertraulichkeit der E-Mail von vielen Menschen als nicht so gefährlich wahrgenommen wird, ist das Thema Datensicherheit für Unternehmen extrem wichtig.

Beim Ausgliedern von Abläufen oder der Zusammenarbeit beim Thema Digitalisierung hat die Post positive Erfahrungen im Teamwork mit Start-ups gemacht. Appel:

> Grundsätzlich gibt es auf diesem Feld kein Patentrezept. Das muss man immer wieder neu ausprobieren und neu justieren. Im Hinblick auf neue Geschäftsmodelle arbeiten wir häufig mit Technologie-Partnern zusammen. Wenn wir unsere Drohne entwickeln, dann bauen wir die nicht selbst. Da sind wir natürlich im Team mit jemandem, der hier besondere Expertise besitzt.

Um neue Geschäftsmodelle zu entwickeln, sei es wichtig, dass man Leute im eigenen Unternehmen hat, die neugierig sind. Denen müsse man hinreichende Fehlertoleranz zubilligen, um etwas vorwärtszutreiben. Appel:

Man muss den Mitarbeitern im Unternehmen Freiraum geben, neue Dinge auszuprobieren. Sehr häufig funktioniert es, aber es gibt eben immer auch Versuche, die nicht funktionieren. Ein innovatives Unternehmen mit guter Gesamtbasis hält so etwas aus. Wenn man nie etwas ausprobiert, kommt man nicht vorwärts.

Der Austausch mit anderen CEOs über neue Geschäftsmodelle findet statt, konzentriert sich aber oft auf die Risiken: „Cyber Security ist ein Thema, über das häufig gesprochen wird. Ich erlebe diesen Austausch als ausgesprochen hilfreich."

Johann Bizer sieht bei der Entwicklung von neuen Geschäftsmodellen vor allem Probleme durch das Umfeld. So müsse man im öffentlichen Sektor herausfinden, ob es von Vorteil ist, vorhandene Datentöpfe verschiedener Verwaltungen miteinander zu verknüpfen, um sinnvolle neue Dinge wie etwa eine schlüssige Verkehrs- und Ampelsteuerung zu entwickeln. Bizer: „Da könnten wir als Rechenzentrum, bei dem die Daten sicher sind, in der Tat eine Rolle spielen."

Auch eGovernment 4.0 oder Industrie 4.0 sieht er als Herausforderung. Bizer:

Am meisten ärgere ich mich darüber, dass die ihre Hausaufgaben erst noch machen müssen. Wenn der Bund über Industrie 4.0 redet und der Bundesinnenminister den Begriff eGovernment 4.0 in den Mund nimmt, aber erst jetzt anfängt, seine Rechenzentren zu konsolidieren, dann arbeitet der Bund jetzt eGovernment 1.0 auf. Wir sind selbst immer noch dabei, die IT in den Ländern des

Dataport-Verbundes zu konsolidieren. Auch nach zehn Jahren sammeln wir weiterhin IT-Betriebe im Land ein und konsolidieren sie. Realistisch wird der Bund auch zehn Jahre brauchen, um erst mal eGovernment 1.0 zu verwirklichen.

Eines der größten Probleme, die Bizer in schlecht gelaufenen Projekten sieht, sind Führungskräfte auf der Auftraggeberseite in den öffentlichen Verwaltungen, die ihren Mitarbeitern nicht den Rücken stärken:

Da gibt es keinen Plan, kein Berichtswesen und vor allem keine Eskalationskultur im Sinne von Unterstützung als Dienstleistung. Entweder die Führungskräfte reden mit ihren Mitarbeitern nicht und sind auf der Flucht. Oder sie werden zum Anwalt eines jeden Problems und steuern nicht zum Erfolg. Dann wird etwas beschlossen, aber das Ergebnis wird nicht an die Mitarbeiter weitergegeben. Im öffentlichen Sektor ist es ein besonderes Problem, dass man zu selten auf Führungskräfte trifft, die bereit sind, ein Problem als solches zu akzeptieren und dann auch lösungsorientiert zu bearbeiten. Das sind alles Indikatoren für schlechte Führung. Es fehlt insgesamt ein einheitliches Bild von guter Führung im öffentlichen Sektor.

Martina Koederitz sieht den klassischen Unternehmens-Wettstreit der letzten 30 Jahre als beendet an und dafür aktuell einen Wettstreit über Geschäftsmodelle. „Wir beobachten es an der Diskussion zu Uber. Wir versuchen bestehende Geschäftsmodelle vermeintlich zu schützen. Doch wir erkennen an dem, was beispielsweise Daimler mit moovel und car2go macht, dass Unternehmen auch neue Geschäftsmodelle im Markt verankern können, die dann die Akzeptanz der Nutzer und der Gesellschaft erlangen."

Nach ihrer Ansicht befindet sich derzeit jedes deutsche Unternehmen in diesem Disput, in diesem Kreislauf. Koederitz:

> Es gibt Geschäftsführungen, die es realisieren. Es gibt Vorstände, die es negieren, und wir haben die erste negative Welle im Handel gesehen, der die Digitalisierungswelle und die damit einhergehende Veränderung der Kunden komplett falsch eingeschätzt hat.

Das aktuelle Problem bestünde jetzt darin, in starken Bereichen wie dem Maschinen- und Anlagenbau die Digitalisierung mit den vorhandenen Kompetenzen zu einem Erfolg und damit zu einem Exportschlager der deutschen Industrie zu machen. Martina Koederitz prophezeit:

> Es geht nicht um den Kampf hier in Deutschland. Es geht darum, wie unsere global tätigen und starken Mittelständler ihre Wettbewerbsfähigkeit in den Wachstumsmärkten der Welt verteidigen. Diese Diskussion müssen wir so führen, dass die Menschen Chancen darin sehen und wissen, was das für ihre Arbeit bedeutet. Gleichzeitig muss man auch klar sagen: Deutschland ist kein Wachstumsland im Sinne von konsumgetrieben. Auch absatzgetrieben wird Deutschland nicht der entscheidende Faktor sein.

Mit Bedauern beobachtet Martina Koederitz, dass wir momentan eine positive Diskussion dazu verpassen, wo

Nutzen und Mehrwerte für die Gesellschaft, für die Bürger und damit auch für jeden Arbeitnehmer in seinem Umfeld liegen, die durch die digitalen Veränderungen möglich werden: „Wir führen eine Diskussion, die sich sehr stark mit den Risiken und weniger mit den Chancen der Zukunft beschäftigt. So sollten wir uns zum Beispiel damit auseinandersetzen, wo Deutschland in zehn Jahren steht oder was die Wachstumsbranchen in Deutschland sind."

Es gebe keine Diskussion darüber, wo die Chancen für die jüngere Generation liegen. Angesichts der Ausgangsbasis in Deutschland müsse es darum gehen, wie wir unsere Kompetenzen weiter vertiefen, neue Segmente besetzen und wie wir unseren Wohlstand auch für die nächsten Dekaden absichern können. Koederitz: „Der Zusammenhalt zwischen prosperierender Wirtschaft und Wohlstand eines Landes ist verlorengegangen. Nach aktuellen Studien wollen die meisten jungen Menschen in den öffentlichen Dienst, weil dort Sicherheit und Planbarkeit überwiegen. Aber das widerspricht dem, wie sich derzeit die Ökonomie und eine vernetzte Weltwirtschaft widerspiegeln."

Jens Schulte-Bockum sieht die Wirtschaft bereits in der zweiten Phase der Digitalisierung. In Phase eins wurde demnach die Beziehung zum Kunden durch das Internet auf eine neue Basis gestellt. Schulte-Bockum: „Wer als CEO diese erste Phase noch nicht verinnerlicht hat, hat sowieso ein Problem." Die aktuell erlebte Phase zwei sei spannender: „Wertschöpfungsketten werden fundamental neu aufgestellt. Das schwappt auf B2B, also die Geschäftsbeziehungen zwischen mindestens zwei Unternehmen, über. Viele klassische Produktionsunternehmen werden davon überrascht."

Big Data und eine Plattformenlogik spielen nach seiner Überzeugung ebenfalls wichtige Rollen. Schulte-Bockum:

> Typischerweise setzt ein Unternehmen den de facto Standard durch und schließt Wettbewerber aus. Das Plattformparadigma wird auf alle übergreifen. Es bilden sich dominante und softwarebasierte Player heraus. Europa und gerade auch Deutschland sind hier schlecht aufgestellt. Deutsche Ingenieure können Optimierung im Detail, aber der Disruptionsgedanke entspricht nicht unserer Mentalität. China, die USA oder Israel denken viel stärker darüber nach, wie man die Wertschöpfungskette grundlegend neu organisiert.

Für Joachim Breuer vollzieht sich momentan der dramatischste und gewichtigste Veränderungsprozess in Arbeitsabläufen, den man überhaupt erleben kann. Er sieht noch lange kein Ende dieser Entwicklung. Breuer: „Die historische Frage, ob wir jetzt etwas Größeres erleben als die industrielle Revolution vor über hundert Jahren, wird man erst in weiteren 50 Jahren oder noch später beantworten können."

Auf vielen Ebenen dauert ihm die technische Umsetzung in seinem geschäftlichen Sektor zu lange. Einer der Gründe hierfür könnte in der vielfältigen Verknüpfung mit der Außenwelt liegen. Joachim Breuer: „Wir stellen ja nicht ein Produkt her und geben das auf den Markt, sondern sind mit unseren menschlichen Kontakten sehr weit außenverzweigt."

Im Hinblick auf die Veränderung von Geschäftsmodellen stellt er fest:

> Wir sind kein ‚produzierendes' Unternehmen. Unser Geschäft ist die Kundenzufriedenstellung unserer Mitglieder und der sie tragenden Unternehmen. Aus meiner Sicht hat sich da unglaublich viel geändert. Es klingt banal, aber die Erwartung von beiden Seiten, dass Informationen schneller fließen und Ergebnisse schneller da sind, führt dazu, dass man die internen Abläufe schneller machen muss. Heute kann man jemandem, der anruft und mit seinem Bescheid nicht klarkommt, nicht mehr sagen, dass er nächste Woche einen Rückruf des Sachbearbeiters bekommt.

Man müsse also ständig darauf vorbereitet sein, die wesentlichen Informationen und Datenquellen abrufbereit zu haben. Was simpel klingt, hat aber zu einer neuen Strukturierung der internen Abläufe und Prozesse geführt. Breuer: „Das zieht sich durch alle Ebenen. Es ist also nicht nur die Information als solche, sondern es hat Auswirkungen auf die Curricula der Ausbildung und Bildungsprozesse. Das bedeutet auch, dass man Verantwortungen und Entscheidungen wesentlich stärker verteilen muss, sonst schafft man es nicht."

Durch die neuen Möglichkeiten der Digitalisierung sind zwei Dinge im Gesundheitsbereich bereits anders umgesetzt worden. Breuer:

> Wir haben vor zehn Jahren einen Datenaustausch mit den Leistungserbringern aufgezogen. Im Bereich der Krankenversicherung gibt es das bis heute so noch nicht. Damals

haben wir mit den Ärzten angefangen. Das heißt, dass man es in unserem kleinen System mit etwa 7000 Arztpraxen zu tun hatte und mit mehr als zwei Dutzend verschiedenen Softwarebereichen. Das war damals ein noch größeres Problem als heute. Ein Projekt umzusetzen, durch das die Abrechnungen digitalisiert werden, und darauf aufsetzend später Berichte und Verfahrensaspekte auch digital austauschen zu können, hat uns mehrere Jahre gebunden und mehr Zeit gekostet als geplant. Außerdem haben wir jetzt ein Verfahren des kompletten elektronischen Datenaustauschs in der Unfallversicherung gestartet. Da kommen sehr viele Externe wie z. B. Krankenhäuser mit hinein. Das wollen wir in Stufen machen."

Auch Frank-Jürgen Weise unterstellt ein sehr weites Verständnis von Digitalisierung:

Es gibt kaum ein Feld in unserem Umkreis, das nicht wesentlich davon beeinflusst wird. Das erste betrifft unseren eigentlichen Auftrag, bei Arbeitgebern Personen zu platzieren: Dort wird sich vieles ändern, was wir kennen, angefangen beim Inhalt der Arbeit. Durch die Digitalisierung entstehen für die Berufe zunehmend völlig andere Anforderungsprofile. Ich kenne kaum eine Branche, die das nicht betrifft. Und das meiste, was wir mit Arbeitswelt 4.0 beschreiben, ist schon da und nimmt an Stärke zu.

Als zweites Feld spricht Weise auf der Arbeitnehmerseite die Frage klassischer Berufsabschlüsse an: „Bekannte Sortierkriterien wie Abschlüsse oder Facharbeiterbriefe lassen langsam nach, während gerade auch im internationalen Kontext das Thema der Kompetenz steigt."

Das dritte Feld betrifft die Bundesagentur für Arbeit direkt:

> Wir betreiben heute letztlich auch Informationslogistik. In der Frage der verschiedenen Geschäftsprozesse in der Leistungsbearbeitung sind wir mit einer E-Akte unterwegs, die vielleicht bis hin zum Richter verwendet wird, der über die Klage zu einem abgelehnten Widerspruch entscheidet. Er findet über die E-Akte die Unterlagen besser als über sonstige Akten. Wir werden auch und speziell das Thema Berufsorientierung massiv verändern. Denn dort haben wir es mit der Generation zu tun, die heute schon fast alles online und digital erledigt. Aber auch in anderen Bereichen werden Arbeitslose ihre Daten selbst eingeben, und wir werden ohne Medienbrüche das Ganze in unserem System verarbeiten.

Kritisch bewertet Frank-Jürgen Weise das gelebte und praktizierte Verhältnis zur Digitalisierung im öffentlichen Sektor und in Ministerien:

> Wenn ich über unsere Bundesagentur hinaus in den Rest des öffentlichen Sektors schaue, dann ist das Bild sehr fragmentiert. Es gibt einzelne sehr hervorragende Insellösungen, die aber eben gerade dadurch gekennzeichnet sind, dass es Insellösungen sind. Da sind tolle Leute, tolle Ideen, ein überschaubares Verfahren. In manchen Ministerien sehe ich das Thema noch schwach ausgeprägt. Das hängt damit zusammen, dass manche Juristen dort immer noch wenig Verständnis für Prozesse und Effizienz haben. Insofern: Nein, der öffentliche Dienst ist da noch nicht gut aufgestellt.

Beim Bundesamt für Migration und Flüchtlinge habe er bei Amtsübernahme mit Entsetzen festgestellt, dass keine Steuerbarkeit da ist, weil es keine Digitalisierung gibt. Digitalisierung wird letztlich ein Ausbalancieren sein.

Früher hätte man schon den aktuellen Stand der Digitalisierung als zu viel betrachtet. Weise: „Insgesamt sehe ich die Digitalisierung mehr als Werkzeug denn als Mittel zum Zweck. Es ist noch viel Spielraum vorhanden, und es gibt keine Unternehmensfunktion, die davon ausgenommen ist."

Franz Knieps sieht durch die neue Entwicklung verbesserte Chancen für einen persönlichen Favoriten gekommen: „Ich bin ein Befürworter der Selektivvertrags-Politik. Das ist ein neues Geschäftsmodell, das durch Digitalisierung überhaupt erst möglich geworden ist. Für mich bedeuten viele Kollektivvertrags-Strukturen eine Erstarrung der Versorgung."

Der eigene Anteil an IT-Spezialisten innerhalb des Dachverbandes ist relativ klein. Knieps:

Wir haben im BKK Dachverband e. V. eine Abteilung, die sich mit der Datengenerierung befasst. Die holt also die Daten von den Kassen und macht sie für Auswertungen nutzbar. Eine weitere stark IT-gesteuerte Abteilung beschäftigt sich mit Controlling, Finanzentwicklung und Risikostrukturausgleich. Die sind auch verantwortlich für das Aufbereiten der Daten, die an das Bundesministerium für Gesundheit oder das Bundesversicherungsamt gehen, um Dinge wie den Gesundheitsfonds am Laufen zu halten. Alle Gelder werden bekanntlich zumindest virtuell an den Fonds abgegeben und in Form von Zuweisungen wieder an die Kassen zurückgespielt. Dieses wäre ohne Digitalisierung und Big Data gar nicht denkbar.

Beides zusammen hat im Verband schon für ein neues Geschäftsmodell mit dem Gesundheitsfonds gesorgt. Knieps: „Diese Arbeit hätte händisch nicht bewältigt werden können. Die Datenwelt der Kassen hat kontinuierlich Schritt gehalten mit der digitalen Entwicklung. Der erste Schritt damals, in der Blümschen Reform 88/89, ist immer der laufenden Entwicklung angepasst worden."

Im Hinblick auf die rein administrativen Prozesse sieht er seinen Verband bei den Sozialversicherungen an der Spitze. Knieps:

> Aufgrund der Nähe zu den Betrieben sind wir hier weiter als andere, wobei die AOK kräftig aufgeholt hat. Interessant ist, dass die Kassen, die in der Vergangenheit stark investiert haben, keinesfalls am oberen Ende der Verwaltungskosten-Skala zu finden sind. Bei Neueinführungen trifft man immer noch oft auf Widerstand von den Mitarbeitern. Beispielsweise wenn man eine elektronische Poststelle einführt – bei solchen Punkten fallen häufig viele Arbeitsplätze weg.

Bis heute gäbe es keine Kasse, die bereits durchdigitalisiert sei: „Ich kenne einige, die einen Benchmark innerhalb einzelner Bereiche setzen. Etwa bei Arbeitsunfähigkeitsbescheinigungen, bestimmten Formen der Abrechnung, Auslands-Krankenscheinen, dem Meldemanagement gegenüber Arbeitgebern – aber ich würde von keiner sagen, die ist durchdigitalisiert."

Gleichzeitig bedauert er, dass sich die Abbildung von Geschäftsprozessen in Richtung Endkunden – also Versicherte –, in Richtung Ärzte oder in Richtung Krankenhaus bislang nicht sonderlich entwickelt hat. Knieps: „Da sind wir mit einer wesentlich geringeren Geschwindigkeit vorangekommen, als wir selbst erwartet haben. Wir übermitteln Krankenhausabrechnungen immer noch über eine ISDN-Leitung."

Er stellt grundsätzlich fest: „Wenn Leistungserbringer an der Organisation von Daten-Management, von IT beteiligt sind, stehen die immer auf der Bremse. Auch wenn sie einzelne progressive Akteure haben, ändert das daran nichts. Ich halte es für eine politische Fehlentscheidung, diese Dinge der Selbstverwaltung zu überlassen."

Mit Blick auf den Umgang mit der Ärzteschaft konkretisiert er:

Zumindest in der ersten Zeit war es undenkbar, dass man überhaupt über eine Abbildung von Geschäftsprozessen – egal welcher Art – im digitalen Bereich mit den Doktoren reden konnte. Auch heute noch besteht dabei eine große Aversion gegen technische Neuerungen. Das liegt auch an der Struktur der Selbstverwaltung, wo wir eine Tendenz zur Überalterung haben. Nicht die jungen Leute mit IT-Affinität und mit IT-Tagespraxis sind die Repräsentanten von Ärzten, von Versicherungen, von Arbeitgebern. Es sind vielmehr häufig die, die im Kerngeschäft ihrer jeweiligen Institution nicht mehr so in die moderne Entwicklung involviert sind. Ein Arzt unter 40 befasst sich nicht mit Berufspolitik, Ausnahmen bestätigen die Regel. Darum kümmert sich ein gesättigter Praxisinhaber mit 50+.

Kreative Wege zum Schlaumachen: So wird man beurteilungsfähig

Zusammenfassung Wie bleibt man in Sachen Digitalisierung als Top-Manager auf dem neusten Stand? Kann man einfach fragen, sollte man viel lesen oder lieber gleich ins Silicon Valley reisen? In einer Zeit des ständigen Wandels und der in Höchstgeschwindigkeit voranschreitenden Digitalisierung ist es eine besondere Herausforderung, beurteilungsfähig zu bleiben oder zu werden. In Interviews mit 31 CEOs haben sich viele unterschiedliche Sicht- und Herangehensweisen herauskristallisiert, es lassen sich aber auch Muster erkennen.

Seit etwa 1700 ist im deutschen Sprachraum eine Redewendung gebräuchlich, die sich bis heute erhalten hat: Alle Wege führen nach Rom. Der Spruch ist unverändert aktuell und bedeutet bekanntlich so viel wie „alle

© Springer-Verlag Berlin Heidelberg 2017
M. Klimmer und J. Selonke, *#DigitalLeadership,*
DOI 10.1007/978-3-662-50533-5_4

Möglichkeiten führen zum Ziel". In diesem Sinne hat ihn auch die deutsche Führungs-Elite adaptiert: Es gibt unendlich viele Wege, sich in Sachen Digitalisierung sachkundig und bewertungssicher zu machen. Aufgepeppt könnte man also auch sagen: Alle Wege führen in das Denken des Silicon Valley.

Dabei spielt es nur eine untergeordnete Rolle, wie die persönliche Annäherung des Einzelnen an das Thema aussieht. In der Sache stehen die Verantwortlichen hier auf einem gemeinsamen Fundament: Ohne grundsätzliche Kenntnisse der digitalen Welt und ihrer Möglichkeiten ist heute kein Unternehmen mehr zu führen. Das hat sich fest im Bewusstsein verankert und lässt sich als roter Faden bei allen Gesprächen heraushören.

Dabei scheint der erste Schritt zur neuen Wissens-Aneignung den CEOs nicht immer leichtzufallen. Christoph Vilanek formuliert es so:

Ich halte es für ein Privileg, Nichttechniker zu sein. In der Diskussion mit Technikern erlebe ich immer, dass die gar nicht verstehen, was Menschen für Probleme mit der Technik haben können. Dazu eine kleine Anekdote: Wir hatten vor drei Jahren mal entschieden, dass wir zu unseren Android-Handys Virenschutz verkaufen. Da haben unsere Techniker gesagt: Das kann man doch gratis im Internet herunterladen. Da habe ich gesagt: Ihr schon – ich nicht.

Bei diesem Schlaumachen feiert als eine Möglichkeit die gute alte Messe ein Comeback – jetzt kommen immer mehr Chefs persönlich. Vilanek: „Seit rund drei Jahren besuche ich relativ viele Messen, weil ich das Gefühl habe, sonst den Anschluss zu verlieren. Messen vermitteln mir eine Stimmung über den Fortschritt und darüber, was unsere Industrie bewegen wird. Sie werden durch die Digitalisierung nicht überflüssig. Im Gegenteil."

Messen als Informationsquelle nennt auch Eckhard Nagel: „Es gibt zumindest in Deutschland eine wichtige, die Medica in Düsseldorf. Dort wird in einer großen Bandbreite der technische und technologische Fortschritt in der Medizin dargestellt. Dies gilt auch für die verschiedensten Anwendungsformen der IT. Die Medica ist sicher ein Ort, an dem man sich umfänglichst informieren kann." Wobei Nagel allerdings einschränkt: „Die Bandbreite des IT-Angebots ist mittlerweile so groß, dass man nur schwer einen Überblick gewinnt. Wenn man die verschiedensten Ideen hört, die Firmen im Gesundheitsbereich platzieren wollen, erkennt man, dass solche Entwicklungen einfach ihre Zeit brauchen."

Darüber hinaus ist ihm wichtig, sich andere Krankenhäuser anzusehen. Im Ausland ist ihm auch klargeworden, woran es in Deutschland hapert:

Wir haben uns vor einigen Jahren an der Stanford University, Kalifornien, angesehen, wie sich ein Krankenhaus auf dem neuesten Level strukturmäßig im Bereich der IT aufstellt. Hier gibt es bereits das papierlose Krankenhaus. Der Treiber, die Motivation, ist aber vor allem das ökonomische Umfeld. Dies stellt sich in Deutschland anders dar. Zum Beispiel ist häufig ungeklärt, wie Investitionsmittel für den IT-Bereich aufgebracht werden können. In vielen mittleren und kleinen Krankenhäusern gibt es dafür gar kein eigenes Budget. Und auch in den Krankenhäusern der Maximalversorgung oder den Universitätskliniken waren Investitionsmittel bisher konzentriert auf den Bau des Rechenzentrums und nicht auf die Finanzierung einer adäquaten Ausstattung. Das bedeutet, dass die digitale Revolution aus den Überschüssen der Krankenversorgung finanziert werden muss, und die gibt es ja bekanntlich kaum oder gar nicht.

Skepsis im Hinblick darauf, sich bewertungssicher zu machen, äußert Nagel in Bezug auf Berater:

Natürlich braucht es Experten, um die Digitalisierung auch im Krankenhausbereich zu etablieren. Heute sind das in aller Regel Berater, die vor dem Hintergrund ihrer eigenen Spezialisierung ein Angebot unterbreiten, das sie selbst abdecken können. Damit wird häufig die Komplexität der Probleme nicht ausreichend abgedeckt. Ich persönlich bin also diesem Verfahren gegenüber eher skeptisch. Denn um die individuellen Bedürfnisse und die übergeordnete Infrastruktur abdecken zu können, bräuchte es nicht nur gute Ratschläge und Konzepte, sondern auch das umfassende technische Equipment und die Fähigkeit, es zu implementieren.

Von Ausstellungen und Messen, um sich als Vorstand zu vergewissern, wohin die Reise geht, hält dagegen Tanja Wielgoß wenig:

Ich versuche eher, mir ungefilterte Einschätzungen von außen geben zu lassen. Das kann auch implizit geschehen: Wer bewirbt sich bei uns, gerade auch im IT-Bereich?

Gelingt es uns überhaupt, das Interesse guter Bewerber zu wecken? Wollen Start-ups mit uns zusammenarbeiten? Mein Eindruck ist hier vor diesem Hintergrund, dass wir in der digitalen Welt, auch im Vergleich zu unseren Partnern und Wettbewerbern, gut aufgestellt sind.

Freiraum räumt Tanja Wielgoß ihren IT-Experten ein: „Die machen in der Tat oft ihr eigenes Ding." Und das sei im Endeffekt wichtiger als dirigistische Vorstände. Wenn IT-Verantwortliche und IT-Nutzer Freiraum haben, eigene Ideen zu entwickeln, brächten sie oft eine Organisation voran.

Die Wahrscheinlichkeit ist ziemlich hoch, dass die Beschäftigten auf den Ebenen zwei, drei oder vier viel näher dran sind an der realen Welt und insbesondere auch die Jüngeren an der digitalen Welt. Klar können sich z. B. Eltern über Kinder auf dem Laufenden halten. Aber es ist etwas anderes, als wenn ich wirklich selbst in der digitalen Welt lebe und in ihr aufgehe. Ich arbeite zwar viel digital, bin aber kein Digital Native.

Tanja Wielgoß betont die Notwendigkeit, die eigene IT weitgehend selbstständig arbeiten zu lassen: „Wenn wir unserer IT eine weitere Organisation zur Seite stellen, wäre das kontraproduktiv. Unsere ITler sind stolz, zur Spitze in Berlin zu gehören." Ihrer Überzeugung nach ergeben sich nachhaltigere Lösungen für ein Unternehmen, wenn Entwicklungen aus der eigenen Organisation heraus kreiert werden. Wielgoß: „Da sich unsere Kundenbetreuer und IT-Experten auf die Kunden einstellen und

deren Bedürfnisse kennen, ergeben sich eine Menge wert-
schöpfender digitaler Lösungen für beide Seiten: der elektronische Rechnungsaustausch ist ein Beispiel dafür."

In manchen Fällen reicht es den Chefs also offensichtlich, ein Gespür dafür zu entwickeln, was angesagt ist.
Man muss es nicht unbedingt verstehen. Wichtig ist, den
Trend zu erkennen und zu wissen, wo im eigenen Unternehmen Leute sitzen, die sich dafür interessieren. Mit
denen wird der Austausch gesucht. Die digitale Wissens-
vertiefung der Chefs hat insoweit klassische Hierarchien
aufgebrochen. Sie lassen gezielt Kompetenz an sich heran
oder organisieren diese um sich herum.

Ein internes Netz von Mitarbeitern, die der Chef fragen kann, wird zunehmend wichtiger. Erst danach werden als weitere Informationsmöglichkeiten Gespräche mit
Vorstandskollegen und den Spezialisten im Unternehmen
genannt. Wissenssuche ist also auf breitester Basis angesagt. Vilanek: „Wenn ich weiß, der kennt sich aus, renne
ich zu dem hin und lasse mir das erklären. Das größte
Hemmnis ist, die Frage auch als Chef zu stellen. Diese
Hemmung muss man ablegen."

Innerbetriebliche Kapazitäten nutzt auch Tanja Gönner.
Sie hat für das Thema Digitalisierung über alle Organisa-
tionseinheiten hinweg eine übergreifende Arbeitsgruppe
eingerichtet: „Darin haben wir Leute, die in unterschiedlichen Bereichen arbeiten und zwischen 25 und 60 Jahre
alt sind. Sie bearbeiten das Thema gemeinsam und treten auch gemeinsam auf im Gespräch mit dem Vorstand.
Sie haben einen Orientierungsrahmen für die Thematik

erstellt und machen jetzt noch die weiteren Schritte in der Operationalisierung des Ganzen."

Wesentliche Basis-Informationen dazu liefert die unternehmensinterne Arbeitsgruppe Digitaler Wandel:

> Sie hat die Aufgabe zu sagen, was wir in unserem Leistungsangebot verändern müssen. Sie kümmert sich gleichfalls um die Fragen, welche Digital Skills für die eigenen Mitarbeiter notwendig sind, wie sich die Digitalisierung auf unsere Arbeitswelt auswirkt und, ganz wichtig, wie wir unsere internen Prozesse durch die Digitalisierung effizienter gestalten können. Außerdem wollen wir unser sogenanntes ‚digitales Ökosystem' stärken – also stärker in den Netzwerkaufbau investieren mit Start-ups, Wirtschaft und Wissenschaft, insbesondere auch in unseren Partnerländern. Denn Innovationen entstehen nicht unbedingt im klassischen Umfeld der Entwicklungszusammenarbeit. Insbesondere auch die verantwortungsvolle Datennutzung wird ein großes Thema werden.

Nicht alle Punkte wurden selbstständig und allein in Angriff genommen. Teilweise waren Berater involviert, es gibt außerdem eine erfolgreiche Arbeitsgemeinschaft mit der Bundesagentur für Arbeit. Gönner: „In diesem Rahmen sind wir sehr intensiv in die Diskussion über die Frage IT-Strategie und Digitalstrategie gegangen. Damit haben wir uns als Vorstand beschäftigt und die weiteren Schritte eingeleitet."

Nach ihrer Ansicht ist Change auch im öffentlichen Sektor möglich und notwendig. Tanja Gönner: „Ich würde jede andere Behauptung immer von mir weisen. Der ist auch nicht langsamer, wie es ja gern behauptet wird. Teilweise kann er durchaus auch Treiber sein. Wenn man einmal an einem Punkt eine negative Erfahrung gemacht hat, wirkt dies sehr viel länger nach als vielleicht in einem Unternehmen. Aber es ist falsch, der öffentlichen Hand per se Langsamkeit nachzusagen."

Für Johann Bizer ist es bei der Wissensbildung hilfreich, dass er ein Problem zum besseren Verständnis im Gespräch mit den Mitarbeitern „auch mal anfassen" darf. Nur dann hätte er die Chance, selber zu wissen, wo das Unternehmen steht. Gleichzeitig sei es für ihn wichtig, dass ihm Kollegen ihr Produkt selbst vorstellen. Dataport habe rund 160 Produktverantwortliche, alle seien ihm persönlich bekannt. Bizer: „Und über die Jahre waren die auch alle schon bei mir. Bei diesen Kontakten verbindet sich das, was technisch geht und was gemacht worden ist, sofort mit der Zukunftsvision. Das sauge ich auf wie ein Schwamm. Dieser Vorgang ist für mich ein innovativer Prozess. Das fixt mich an. Das vergesse ich auch nicht."

Das persönliche Gespräch habe gegenüber der Schriftform den weiteren Vorteil, dass die Mitarbeiter über die durchgeführte Präsentation ergänzende Details anbringen: „Sie erzählen dann auch, was sie sich noch vorstellen. Was sie vielleicht ergänzend machen könnten, wenn es mehr Budget geben würde, was sie dem Auftraggeber gern vorstellen würden."

Christoph Straub sieht es ähnlich: „Meine persönliche Technik ist es, mit vielen Menschen zu sprechen und möglichst Schritt für Schritt auf der Basis eigener Erfahrungen zu lernen." Wie wichtig gerade der letztgenannte Punkt

ist, unterstreicht er mit einer Erfahrung aus dem eigenen
Berufsleben:

> Vor einigen Jahren kam jemand mit einer damals revolu-
> tionären Idee auf mich zu. In einer Reha-Klinik im Allgäu
> wollte der Chefarzt den Patienten nach der Behandlung
> in der Klinik die Möglichkeit geben, über einen länge-
> ren Zeitraum sich in einem Chat-Raum einzuloggen, um
> dabei mit dem Therapeuten die Therapieerfolge zu bespre-
> chen. Ich hatte zu diesem Zeitpunkt in meinem Leben
> noch nie gechattet und hielt die Idee für Unfug. Trotzdem
> haben wir es gemacht, und das Modell war erfolgreich.
> Seither versuche ich immer, mit den Leuten intensiv zu
> reden und unterschiedliche Meinungen einzuholen.

Das Einholen solcher verschiedenen Gedanken hat für
Straub höchste Priorität:

> Das gezielte Nutzen der Kompetenzen vieler Menschen
> kommt meiner eigenen Bewertungssicherheit zugute.
> Gerade im Bereich der digitalen Technologien, der wie
> kein anderer Bereich sich rasant weiterentwickelt, ist der
> regelmäßige Austausch mit Kennern und Experten sehr
> wichtig. Denn auch hier zählt nicht immer die schnellste
> Entscheidung, sondern die strategisch klügste. Man muss
> sich vor denen schützen, die sich nicht vorstellen können,
> welche extreme Veränderung auf uns zurollt. Man muss
> sich aber auch vor denen schützen, die zu euphorisch sind.

Martina Koederitz hat in ihrem Unternehmen beobachtet, dass ein Initiativschwung durchaus Erfolg haben
kann – wenn es denn die Ausrichtung des Unternehmens

erfordert: „Unsere Branche war von Anfang an eine digitale Branche. Wir haben die letzten vierzig Jahre nichts anderes gemacht, als die Prozesse unternehmensweit zu digitalisieren, im Sinne von Automation, Produktivität und Effizienz. Wir unterlagen immer einer anderen Art von Wettbewerb bezüglich der Geschwindigkeit, in der man neue Produkte, Technologien und Leistungen an den Markt bringen muss."

Der eine vertraut also dem Learning by Asking, der andere setzt auf das klassische Learning by Doing. Jens Schulte-Bockum bringt zusätzlich ein Learning by Testing in die Diskussion: „Die CEOs heute sind alle zwischen 40 und 60, also keine Digital Natives. Deshalb muss man als CEO alles selber früh ausprobieren. Diese Aufgeschlossenheit wird jetzt immer wichtiger."

Stefan Oelrich hat bereits ausprobiert, als kaum jemand die gewaltige Entwicklung der Digitalisierung geahnt hat:

Ich bin jetzt 46 und gehöre damit zu der Generation, die so auf der Kante ist. Mit 13 hatten wir den ersten Apple 2 Computer. Da fing das an. Ich habe mich stets dafür begeistert und war ganz früh im Internet. Von daher hat mich das Thema Neue Medien und Digitales immer fasziniert." Für ihn steht fest: „Digitalisierung ist keine Frage der Branche. Es geht heute gar nicht mehr ohne. Niemand in unserer Gesellschaft kann sich dem entziehen.

Eberhard Veit unterstreicht diese Ansicht und nimmt sich und seine Kollegen streng in die Pflicht:

Heute kann sich kein Vorstand aus der Verantwortung schleichen, selber auch an der Front der Technologien dabei zu sein, gerade weil die so schnelllebig sind. Man muss ein Gefühl dafür entwickeln, nicht über irgendwelche Berichte, Zahlen und sonst irgendwas, sondern das muss man erleben. Das ist ein ganz wichtiger Punkt. Deshalb darf sich der CEO nie von den Kerntrends und Kerntechnologien entfernen und muss sich selber einen Trend einfallen lassen. Um Geschwindigkeit aufzunehmen, muss man bei der Durchsetzung dieses Ganze als Aufgabe eines CEO begreifen. Nur dann lassen sich solche Themen mit noch höherem Tempo betreiben. Es geht darum, die Geschwindigkeit gegenüber Asiaten und allen anderen nicht zu verlieren. Denn die erkennen aktuelle Trends auch.

Einen gegensätzlichen Ansatzpunkt pflegt heute Frank-Jürgen Weise. Er erschließt sich alles über Menschen: „Ich schaue mir nicht mehr im PC die Cluster zu den Finanzen oder die Lage der Agenturen an. Ich lasse mir den Ausdruck geben und spreche dann mit dem Zuständigen."
Rückblickend hält er für sich fest:

Ich war immer Controller und Logistiker. Ich habe direkt und höchst intensiv mit Digitalisierung gearbeitet. Das war das Medium, mit dem ich mich ausgedrückt habe. Ich habe die Unternehmenswelt über Zahlenreihen, Grafiken und Korrelationen erfasst und dadurch eine Unternehmenswirklichkeit beschrieben. Das habe ich alles selbst gemacht und auch darin gearbeitet. So habe ich mich bewertungssicher gemacht und orientiert.

Dennoch hat er aktuell seine Methode umgestellt. Weise:

> Allein in der BA habe ich ein differenziertes Geschäft mit drei Business-Units: Familienkasse mit höchster Komplexität, steuerfinanzierte Grundsicherung, im Volksmund Hartz IV genannt, mit einer komplexen Governance-Struktur und die Versicherung. Dazu kommen dann noch die regionalen Ebenen in einem föderalen Staat. Wenn ich mir das alles selbst am PC erschließen würde, wäre das zu aufwendig. Ich sitze stattdessen hier, habe nichts mehr in der Hand und höre dem Menschen zu. Darüber erschließe ich mir die Themen.

Deshalb ist für ihn klar: Die Basis ist Digitalisierung, aber in der letzten Meile läuft es über Führungskräfte und direkte Berichterstattung. Digital auf dem aktuellen Stand fühlt er sich trotzdem:

> Wenn für mich neue Themen kommen, wie die Entwicklung von neuen digitalen Perspektiven, dann lese ich viel, und zwar nicht unbedingt Fachjournale. Ich lerne also die Community kennen und wähle dann diejenigen aus, von denen ich denke, dass sie etwas Bedeutendes sagen. Ich lese übrigens auch viel von den Beratern, etwa zum Thema Führung. Deren Broschüren zu bestimmten Themen sind in der Regel richtig gut. Man bekommt den Überblick, hat aber auch eine Fachexpertise dabei. Auch sehe ich mir das Internationale an, sodass ich mir insgesamt über das Lesen und im Gespräch den Zugang zu den Themen erarbeite.

Die Methode Learning by Looking hat Rada Rodriguez für sich adaptiert: „Sehr viel gelernt habe ich durch Beobachtung. Ich versuche alles zu analysieren. Wenn ich etwas nicht verstehe, bohre ich nach. Entweder bis ich es verstanden oder bis ich erkannt habe: Das überfordert mich."

Dieses Zugeben, an die eigenen Grenzen gestoßen zu sein, wird allgemein nicht mehr als etwas Ehrenrühriges empfunden. Und muss es auch nicht. Alle, denen die letzten Details der digitalen Entwicklung verborgen bleiben, können sich mit dem trösten, was Florian Bieberbach sagt. Der hat immerhin sein Informatikstudium einst als Jahrgangsbester abgeschlossen. Bieberbach, bei Amtsantritt keine 40 Jahre alt und damit einer der jüngsten CEOs in Deutschland überhaupt:

> Ich könnte mich heute nicht mehr in die IT-Abteilung setzen und als Software-Entwickler diese irgendwie nennenswert unterstützen. Ich bräuchte wahrscheinlich ein halbes Jahr Einarbeitungszeit, um dort überhaupt wieder produktiv tätig sein zu können. Ich möchte also von mir nicht behaupten, dass ich wirklich auf dem aktuellen Stand bin. Jetzt interessiert mich nur noch, was da ungefähr passiert. Ich habe aber nicht mehr den Anspruch, selbst zu wissen, was die neusten Apps und Gimmiks sind, was also ‚leading edge' ist. Ich glaube auch nicht, dass das notwendig ist oder dass es möglich ist, den Überblick zu behalten.

Im Hinblick auf eigene Entscheidungsfindungen spielt seine IT-Ausbildung heute nur noch eine schwächer gewordene Rolle. Bieberbach:

Aber ein paar Grundprinzipien aus der Informatik vergisst man wahrscheinlich nie. Das Wichtigste ist die Art und Weise, wie man komplexe Problemlösungen angeht. Ein Informatiker versucht immer, das komplexe Gesamtproblem in Teilprobleme zu modularisieren, und bricht es so weit runter, bis er auf banale Rechenoperationen kommt. Ich versuche also überschaubare Einzelprobleme zu finden, die ich dann lösen kann.

Heute ist ihm wichtig, dass es „hier im Haus ein paar Leute gibt, die auf dem aktuellen Stand sind. Das geht wahrscheinlich realistisch nur dadurch, dass man permanent frisches Blut von der Uni reinbringt. Man braucht ständig neue Leute, die ins Unternehmen kommen. Denen muss man gut zuhören und in einem gewissen Maße auch vertrauen."

Diese Methode löst das klassische Denken in Positionsebenen zunehmend ab. Tatsächlich hat sich bei den meisten CEOs eine klare Erkenntnis durchgesetzt: Bei technischen Fragen rund um die Digitalisierung gibt es keine Hierarchie. Und bei persönlicher Neugierde und auch beim Stellen dummer Fragen gibt es keine Grenzen. Insoweit seien die Zeiten persönlicher Eitelkeit vorbei. Ähnlich sieht es auch Christoph Vilanek: „Kein Mitarbeiter erwartet, dass sein Vorstand ein digitaler Experte ist. Die eigene Glaubwürdigkeit steigt jedoch, wenn der Chef deutlich machen kann, dass er sich positiv mit den Dingen beschäftigt. Die Mitarbeiter nehmen ihn dann ernster."

Mehr als eine oberflächliche Beschäftigung wollte Timotheus Höttges:

Mein Aufenthalt im Silicon Valley, bei dem ich mehrere Wochen bei großen Internet-Konzernen und kleinen Start-ups, aber vor allem in der Universität Stanford sozusagen auf der Schulbank gesessen habe, war eine besonders konzentrierte Lernphase. Das kann ich jedem Kollegen nur empfehlen. Es war eine Auszeit und zugleich eine sehr intensive In-Zeit. Ich wollte bei dieser Lernreise verstehen, warum die Firmen im Silicon Valley so einzigartig sind. So einzigartig erfolgreich, dynamisch und groß. Ich habe mir von Kollegen, aber auch von Professoren und Forschern erklären lassen, was die Innovations- und Arbeitskultur im Valley ausmacht und wo wir in Europa besser werden können. Ich habe aber zugleich erkennen und fühlen können, wo unsere europäischen Stärken und Werte liegen. Wir müssen nicht nur hinterherlaufen, sondern können eigene Wege finden.

Im Arbeitsalltag setzt er viel auf Gespräche:

Mit Mitarbeitern, anderen Industrievertretern und Kunden. Da gibt es so viel Kreativität, Erfahrung und Knowhow. Das bereichert das eigene Wissenskapital und führt zu neuen Denkanstößen und Ideen. Und natürlich ist der Dialog mit Kunden essentiell, um zu verstehen, was sie benötigen, sich wünschen oder erwarten. Die Digitalisierung ist ja kein Selbstzweck, sondern soll den Menschen das Leben erleichtern, es sicherer machen und schöner.

Als generelle Grundlinie sieht Höttges: „Neugierde, permanentes Lernen und Austausch. Und noch wichtiger: Zeit nehmen. Wer sich als CEO im Hamsterrad fühlt, getrieben vom Alltag, macht etwas grundlegend falsch."

Neugierde als Antrieb nennt auch Lutz Marmor:

Bewertungssicher mache ich mich wohl in erster Linie dadurch, dass ich sehr neugierig bin und mit vielen Menschen spreche, auch an der Basis. Als gebürtiger Rheinländer rede ich einfach gerne und höre interessiert zu. Wir haben über die ARD einen intensiven Austausch, oft zwangsläufig, weil wir unsere Strategien austauschen müssen. Manchmal ist das dann auch ein Vorteil, denn wir hören voneinander, was gemacht wird. Das ist einerseits Wettbewerb miteinander, aber vor allem Austausch.

Gleichzeitig sieht er sich manchmal als Bremser der Euphorie: „Ich bin dagegen, Geld aus dem Fernsehen umzuschichten und ins Internet zu stecken, was wir teilweise tun könnten. Wenn wir gute Fernsehinhalte haben, finden diese ihren Weg ins Netz. Dann muss man nicht gezielt für das Netz produzieren, sondern lieber im Fernsehen stark bleiben und die Verbreitungswege gut organisieren."

Alf Henryk Wulf macht es einfach Spaß, sich mit neuen Themen zu beschäftigen:

Für mich war der Jobwechsel von der Telekommunikation hin zur Energie in der Wahrnehmung wie ein frischer Wind durchs Gehirn. Beim Herangehen an das Digitale ist bei mir eine grundlegende Affinität da und andererseits ein ständiges Weiterdenken – nicht beharren, nicht stehenbleiben, nicht den Status quo als endgültig abhaken. In der Energiebranche dachten früher alle, das Geschäftsmodell sei stabil auf Dauer und man müsse da nicht weiterdenken. Man konnte gutes Geld verdienen, und Innovation war eigentlich nicht wirklich erforderlich. In der Telekommunikationsbranche sind der Wandel und die extrem kurzen Lebenszyklen normal. Das sickert jetzt nach und nach in die Energiebranche ein. Es ist aber wirklich ein Sickern und kein großer Schwall, wie er vielleicht nötig wäre.

Diesen von Alf Henryk Wulf erwünschten Schwall hat IBM schon vor langer Zeit in Gang gesetzt. Hier diskutiere man jetzt bereits die nächste Stufe der Digitalisierung im Sinne eines datengetriebenen Geschäftsmodells. Koederitz:

In der Digitalisierung entscheidet nicht der Prozess darüber, ob ein Geschäftsmodell gut ist. Es geht vielmehr darum, wie gut man es schafft, aus vorhandenen Daten den besten Nutzen für den Kunden zu stiften. Diesen Sprung haben noch nicht viele gemacht. Denn wir diskutieren zur Zeit in die Richtung, dass wir diese Modelle nicht wollen, weil wir mehr Datenschutz wollen, um unsere Bürger zu schützen. Da frage ich: Wovor denn genau?

Martina Koederitz sieht IBM seit 2006 auf dieser Reise:

Damals haben wir einen der größten öffentlichen Jams innerhalb der Geschichte der IBM gemacht, den Innovation Jam. Wir haben mit Hunderttausenden von Menschen darüber diskutiert, wo die Zukunftstrends liegen. IBM Research war dabei, IBM Development, aber auch viele Nicht-IBM-Forschungs- und -Entwicklungseinrichtungen. Daraus haben sich zwanzig Top-Megatrends entwickelt. Diese mündeten 2008 in unserer ‚Smarter Planet Vision'. Damals haben wir beschrieben, wie die Welt heute aussieht – vernetzt, vollständig interconnected und instrumentalisiert, Internet of Things, totale Veränderung von Geschäftsmodellen und in der Art, wie die Welt arbeitet –, und natürlich einen unglaublichen Innovationsschub. Denn über das Internet kann man mit einer heute entwickelten App morgen bereits ein neues Geschäftsmodell im Markt haben.

Vielen CEOs gelten Branchenverbände sowie die Start-up-Szene als wichtige Instanzen zum Aufschlauen. Dabei durchleben die Verbände selbst momentan eine intensive Veränderung, wie Rada Rodriguez am Beispiel ZVEI (Zentralverband Elektrotechnik- und Elektronikindustrie e. V.) verdeutlicht: „Wir haben uns aus einer Gemeinschaft, in der einzelne Interessen vertreten wurden, zu einem Verband gewandelt, der eine politische Kraft sein möchte. Wir schreiben Positionspapiere für die Politik zu unterschiedlichen Themen. Dazu gehören etwa Digitalisierung, Energiewende, Anreizregulierung. Alles passiert in dem Bestreben, einbezogen zu werden in die politischen Entscheidungen. Wobei wir natürlich im Verband auch ein Knirschen zwischen altem und neuem Denken haben."

Die Möglichkeiten, die sich im eigenen Betrieb bieten, nutzt Frank Briegmann:

Ich würde mich nicht als Digital Native, sondern eher als Digital Immigrant mit erfolgreich bestandenem Einwanderungstest bezeichnen. Ich mache mit zwei jungen, talentierten Digital Native Mitarbeitern regelmäßig eine Art Intensiv-Workshop, in dem wir die neuesten Entwicklungen analysieren. Was anfangs Nachhilfe auf hohem Niveau war, ist heute ein spannender Austausch auf technologischer Augenhöhe.

Ähnliches ist von Frank Appel zu hören: „Ich spreche regelmäßig mit Digital Natives aus unserem Unternehmen. So bleibe ich hautnah am Puls der Zeit." Der Postchef hat außerdem für sich entdeckt:

> Manchmal ist es schlicht wichtig, neue Wege zu wagen. In unserem DHL Innovation Center arbeiten wir an Themen wie selbstfahrende Elektrofahrzeuge. Ich schaue mir solche Innovationen gern selbst an, um ein besseres Gefühl für neue zukünftige Möglichkeiten zu bekommen. Ich versuche, offen zu bleiben – auch für Dinge, von denen ich zunächst nur wenig verstehe. Es gibt nicht das allein seligmachende Rezept, aber ich höre nie auf, meinen Horizont zu erweitern und dazuzulernen.

Dieses Nutzenziehen aus verschiedenen Richtungen betont Frank Briegmann ebenfalls. Er ist „relativ viel in der Start-up-Szene unterwegs" und schwört auf Vehikel, die für direkten Kontakt zur Szene sorgen: „Wir haben in Fonds investiert und auch direkte Investments platziert. Unser Fokus liegt dabei auf Start-ups, die einen Link zu uns, zur Musikbranche bzw. zu unseren Produkten, haben. Das heißt, mit denen wir perspektivisch auch operativ zusammenarbeiten können."

Franz Knieps erwähnt eine „persönliche Neugier an dieser Thematik": „Ich kann mir eine Welt vor iPad oder iPhone kaum noch vorstellen. Und das, obwohl ich erst seit vier Jahren ein iPad habe." Wobei er sich dennoch gern augenzwinkernd einen sehr speziellen Gag leistet: „Ich sorge immer für große Heiterkeit, wenn ich vor allem bei internationalen Vorträgen einen Zettel auspacke und sage, das ist mein digitaler Medikamentenplan – vorne selbst getippt und hinten handschriftlich ergänzt."

Permanenter Gesprächspartner ist für ihn der eigene Sohn, Mathematiker und Physiker: „Der weiß, was sich tut, was sich entwickelt und warum es sich entwickelt. Und ich habe im Freundeskreis relativ viele Ingenieure. Durch solche Verbindungen kriegt man natürlich mit, was in den anderen Bereichen passiert."

Gleichzeitig ist er überzeugt, dass man sich in digitalen Bereichen und Themen „sattelfest" vor allem durch einen Blick in andere Länder und den Blick auf andere Branchen mache. Er bedauert, wenig Innovation in Richtung Digitalisierung aus der Branche heraus erlebt zu haben. Das Spannendste in diesem Zusammenhang seien immer noch die USA, und zwar deshalb, weil es dort alles gebe: gute und schlechte Beispiele, Erfolgs- und Misserfolgs-Geschichten. Knieps: „Man findet in den USA viel mehr Akteure, die den Spirit haben, etwas verändern zu wollen. Bei uns in Europa sind die Masse der Akteure solche, die bloß nichts verändern wollen."

Dieser Blick zu den anderen, wenngleich auch unter einem anderen Blickwinkel, ist für Karl-Heinz Streibich ebenfalls von höchster Wichtigkeit. Rein technisch gesehen ist ihm zwar kaum etwas vorzumachen, gleichwohl ist der Blick über den eigenen Tellerrand für ihn unerlässlich. Streibich: „Ich bin nahezu mein gesamtes Berufsleben in der IT-Branche tätig. Und ich habe die Hauptimpulse stets durch unsere Kunden bekommen. Der Kunde bleibt die treibende Kraft für Innovationen."

Aus diesen Kundengesprächen zieht er das Feedback, wie das eigene Portfolio anzupassen ist. Streibich: „Wir sind Spezialisten und brauchen daher stets die Anregungen von Anwenderbranchen. Ich rede pro Jahr mit Hunderten von Kunden. Dadurch entsteht eine kommunikative Quervernetzung, die unendlich wichtig ist." Der zweite wertvolle Austausch findet für ihn mit Kollegen im Branchenverband Bitkom statt, in deren Präsidium Streibich sitzt.

Zusätzlich setzt er dann noch auf interdisziplinäre Cluster-Bildung. Streibich: „In unserem branchen- und regionenübergreifenden Cluster sind der öffentliche Sektor, Wissenschaft und Wirtschaft gemeinsam aktiv. Der Kompetenzaustausch innerhalb dieses Netzwerks ist für den IT-Standort Deutschland extrem wichtig." Aber die Interdisziplinarität geht noch darüber hinaus: „Beim Fußball-Erstligisten SV Darmstadt 98 sind wir seit über 8 Jahren bereits Hauptsponsor. Mit dem Verein sprechen wir heute auch über Big-Data-Analytics im Sport. Insgesamt unterstreicht das den Einfluss der Digitalisierung auf alle Lebensbereiche."

Einen wichtigen Teil seiner Aufgabe und als Grundvoraussetzung für Innovation sieht er das synergetische Verknüpfen der eigenen und der Kundenexpertise. Streibich:

„Unsere Kunden sind Experten in ihrer Branche, wir sind Experten für Softwareplattformen. Gemeinsam können wir digitale Innovationen entwickeln, die unsere Kunden und uns in die digitale Zukunft führen."

Die Bedeutung des Kontakts zum Kunden unterstreicht auch Michael Kaschke. Um sich bei dem Prozess der Digitalisierung bewertungssicher zu machen, sei es ein wesentlicher Punkt, „sehr dicht am Markt und sehr dicht am Kunden" zu sein. Kaschke: „In der Welt der Digitalisierung muss man früh mit funktionierenden Produkten – die aber durchaus noch einen explorativen Charakter haben – raus an den Markt und dann mit den Kunden gemeinsam die Dinge weiterentwickeln. Ich würde es nicht als eine Evolution der Produkte beim Kunden betrachten, aber man geht mit einem ‚Minimum Viable Product' in den Markt hinein. Dieses Produkt erfüllt die Kundenanforderungen, es erfüllt wesentliche Funktionen." Da man mit den Produkten im Allgemeinen eine Software-Plattform vertreibt und digitale Schnittstellen hat, entstehen im Miteinander mit den Kunden sehr schnell neue Ideen und neue Lösungen. Das ist im B2C-Bereich der Fall, aber genauso im industriellen, also im B2B-Bereich."

Insgesamt erfordere dies eine wesentliche Neuausrichtung der gesamten Innovationsprozesse. Unabhängig davon, ob es sich um die Entwicklung neuer Bedienkonzepte, neuer Datenstrukturen oder neuer Auswertemechanismen handelt.

Einen Anstoß von außen nennt Frank Riemensperger:

Wie habe ich mir das Thema zu eigen gemacht? Angesprochen hat mich vor über drei Jahren Professor Dr. Henning Kagermann von der Acatech. Daraus hat sich die Zusammenarbeit in der Acatech ‚Smart Service Welt' ergeben mit immerhin 150 Beteiligten aus Unternehmen, aus den großen Universitäten, auch aus den Gewerkschaften zum Thema ‚Zukunft der Arbeit' sowie dem Bitkom zum Thema ‚Regulierung'. Zielsetzung war aber die Frage: Was bedeutet die Digitalisierung für die deutsche Industrie? Es war die Anzahl der Gespräche, die mir da geholfen hat.

IG-Metall-Chef Jörg Hofmann weiß, dass er in Sachen Digitalisierung zumindest technisch nicht mehr auf dem neusten Stand ist. Dabei war Sachkenntnis in diesem Bereich einmal der Grund für seine Einstellung: „Ich habe meine hauptamtliche Karriere in der IG Metall 1987 begonnen. Ich wurde damals eingestellt, weil der damalige Bevollmächtigte jemanden brauchte, der sich mit Computern auskennt. 30 Jahre später sage ich, dass ich jemanden brauche, der sich mit der heutigen Technologie auskennt."

Er sieht dieses ehrliche Bekenntnis als einen Teil der Antwort auf die Frage, wie man heute den Wissens-Transfer hinbekommt. Deshalb setzt er auf eine Personalplanung und -entwicklung, die auf die „technischen Veränderungen und auch auf den damit verbundenen kulturellen Wandel" reagieren kann. Man müsse dieser Entwicklung einen aktiven Part zumessen – auch durch neue Köpfe. Hofmann: „Es ist zwingend erforderlich, fachlich versierte Beschäftigte mit an Bord zu bringen."

Seine persönliche Annäherung an die Thematik hängt heute mehr mit organisations-politischen Entwicklungen zusammen. Auch vor der Ersteinführung von IT habe es in der IG Metall Veränderungsprozesse gegeben. Etwa als die Zeit des Markenklebens und der Hausbesuche, um Beiträge zu kassieren, allmählich in den bargeldlosen Bankeinzug überging. Dabei sei die IT ein Treiber gewesen.

Hofmann: „Der nächste Treiber, bei dem wir das Thema IT noch einmal wesentlich weiterentwickelt haben, ereignete sich in den letzten Jahren. Das war die Phase, in der wir uns sehr intensiv um das Thema beteiligungsorientierte Gewerkschaft gekümmert haben. Transparenz und Mitmach-Möglichkeiten sind dazu zwei Schlagworte."

Gewerkschaftskollege Michael Vassiliadis sieht sich mit der ersten Generation von PCs groß geworden: „Das war ja noch basteln. Solange wir über Hardware und Software und Betriebssysteme reden, bin ich noch einigermaßen gut dabei. Bis heute. Denn die Logik bleibt immer die gleiche. Was ich dann gemerkt habe, waren Defizite beim Umgang mit dem Internet. Doch da habe ich jetzt wieder aufgeholt." Allerdings mit einer Einschränkung: „Was dahinter passiert, kann ich nur noch bedingt wirklich erfassen."

Vassiliadis sieht darin ein Phänomen unserer Zeit: „Wir werden zunehmend zum User. Die App-Kultur, das Angebot, es simpel zu machen, gewinnt zunehmend, das ist jetzt wie ein Tool. Die meisten nutzen einfach, ohne sich mit diesem sonderbaren Werkzeug näher zu befassen."

Man sei nicht mehr in der Lage, wirklich zu beeinflussen, was behind the scene läuft. Daraus entsteht eine Form von Kritiklosigkeit, weshalb Vassiliadis empfiehlt, sich einer wichtigen Frage zu stellen: „Was ist der Benefit von was? Wir haben eine ordentliche IT-Landschaft, wir haben vieles – aber was ist der Benefit, was ist sozusagen der Zweck? Dabei stößt man dann immer auf ein Thema, auch in einer Gewerkschaft. Vor allem nämlich werden dadurch Arbeitsprozesse in einem Maße standardisiert, dass die Kreativität häufig zu kurz kommt."

Erich Sixt schätzt seine eigene Situation ganz anders als die der meisten Führungskräfte ein: „Technologie ist mir nicht fremd, obwohl CEOs normalerweise ja nicht IT-affin sind. Ich bin aber historisch in diese Aufgabe hineingewachsen. Ohne IT wären wir verloren gewesen. Deswegen habe ich selbst programmiert. Bis vor fünf Jahren lief sogar noch ein von mir geschriebenes Programm, das hat 20 Jahre überdauert. Es war zwar nicht in einem schönen Stil geschrieben, hat jedoch seinen Zweck erfüllt."

Im Unterschied zu Erich Sixt sieht Frank Karsten, wie Bieberbach einer der wenigen studierten Informatiker auf der Position des CEO, eine sich anbahnende Wende im Hinblick auf das IT-Wissen der Vorstände:

Was die Durchsetzung mit IT-Know-how in entsprechenden Positionen angeht, nehme ich eine deutliche Veränderung wahr. Es hat sich in meinen Augen in den letzten Jahren massiv verändert, gerade auch in der Versicherung bin ich nicht mehr so ein Unikat. Eine Zeitlang hatten wir nur Juristen – das muss schlimm gewesen sein. Dann kamen die Statistiker. Jetzt sind die Mathematiker und Informatiker auf dem Vormarsch.

Dass geschäftlich ohne IT nichts mehr läuft, darin sind sich die CEOs einig. In der privaten Nutzung allerdings bestehen Unterschiede. So ist Joachim Breuer nach anfänglicher Euphorie zum gelegentlichen Verweigerer geworden:

> Verändert hat sich mein Verhalten in der Form, dass anfangs eine gewisse Faszination da war. Als die ersten Palms auf den Markt kamen und danach die BlackBerrys, da musste ich die alle haben, auch aus einer gewissen Spiel-Funktion heraus. Man wird dann sehr affin bis hin zu ‚addicted'. Aber irgendwann gibt es ein Schlüsselerlebnis. Für mich war das ein dreiwöchiger Urlaub in Kanada, als es dort noch keine perfekte Netzabdeckung gab. Da habe ich gemerkt, dass es auch ohne ständigen Kontakt zum Unternehmen geht.

Heute ist sein Smartphone im Urlaub ausgeschaltet: „Man erreicht mich dann über Handy, das ich gezielt nur in der SMS- und Telefonfunktion nutze. Und für die Wochenenden und Abende hilft aus meiner Sicht das gute alte Telefon: Ich bin also erreichbar, aber nur auf die traditionelle Art und Weise."

Führung und Personal im digitalen Zeitalter: So groß sind die Unterschiede zu früher gar nicht

Zusammenfassung Wenn man die Fragen nach der Veränderung der Arbeitswelt durch Digitalisierung stellt, dann spielt der Bereich der Führung und des Personals eine maßgebliche Rolle. Die Autoren wollten wissen, ob in Zeiten der Digitalisierung auch andere Mitarbeiter gesucht sind. Braucht man anderes Personal? Und wenn ja, wie gewinnt man dieses? Welche Rolle spielt in diesem Zusammenhang die Ausbildung? Wie wichtig ist der Standort eines Unternehmens bei der Personalgewinnung? Muss es immer Berlin sein? Wie verändert sich Führung? Wie fördert man die Mitarbeiter in Zeiten der Digitalisierung? In diesem Kapitel sind die unterschiedlichen Sichtweisen der 31 Top-Manager zu diesen und noch weiteren Fragen zusammengetragen worden.

© Springer-Verlag Berlin Heidelberg 2017
M. Klimmer und J. Selonke, *#DigitalLeadership,*
DOI 10.1007/978-3-662-50533-5_5

Eine Schlüsselszene aus dem Kino- und Fernseh-Welter-
folg „Das Boot": Zwei Männer, ihre Gesichter sind grau
und bärtig, sie blicken sich aus müden Augen erschöpft
an. Ihr U-Boot liegt schrottreif vor Gibraltar auf Grund,
viel zu tief. Und dann meldet der Ingenieur seinem Kapitän, dass er mit minderwertigen Hilfsmitteln alles hat
reparieren können. Der schaut mit einem aufkeimenden
Funken Hoffnung seinen Technik-Experten an und sagt:
„Gute Leute muss man eben haben. Gute Leute!"

Die Filmszene spielt Ende 1941, lange vor Beginn unseres digitalen Zeitalters. Doch sie spiegelt deutlich wider,
was sich bis heute nach Ansicht vieler CEOs nicht geändert hat. Ohne den Einsatz, den Leistungswillen und das
Können des einzelnen Mitarbeiters bleibt jeder technische
Fortschritt Makulatur.

Die Matrosen damals arbeiteten auf Befehl an Bord des
Schiffes. Der Kapitän hatte nicht das Problem, die passen-
den Leute suchen zu müssen. Sie wurden ihm zugeteilt.

Manche CEOs wünschten sich, dass die Situation auch
heute noch so einfach wäre. Denn nicht immer ist es für
die Unternehmen leicht, geeignetes Personal zu finden
und dann auch für sich zu gewinnen. Standortfragen,
Bezahlung und das soziale Umfeld spielen entscheidende
Rollen. Wobei Großstädte für das einzelne Unternehmen
nicht nur positive Seiten haben.

Florian Bieberbach schätzt die Situation so ein:

Der Standort München hat Vor- und Nachteile. Einerseits
gibt es hier drei große Informatik-Fakultäten. Hier kommen also viele auf den Markt, die auch gern in München
bleiben. Umgekehrt gibt es natürlich wahnsinnig starke

Marken als Wettbewerber wie BMW, Siemens, Allianz und natürlich die großen Beratungsunternehmen. Eine Zeit lang, ungefähr vor 10 Jahren, ist es uns schwergefallen, die Top-Leute zu kriegen. Das hat dann gut geklappt über persönliche Netzwerke und Mundpropaganda. Wenn einer hier spannende Sachen gemacht und davon seinen Kollegen erzählt hat, kam der Nächste und wieder der Nächste.

Gleichzeitig erkennt Bieberbach den zunehmenden Wunsch nach einem ortsgebundenen Arbeitsplatz: „Interessanterweise kommen viele Leute von Beraterfirmen, wo sie permanent quer durch Deutschland und überall in Europa im Einsatz waren. Für sie erfolgt der erste große Bruch, sobald Kinder da sind. Das sind für uns hochattraktive Bewerber, die schon ein bisschen Erfahrung haben und sich dann etwas Stabiles, Ortsfestes suchen. Davon gibt es gar nicht so wenige. Für sie bieten wir einen Riesenvorteil."

In solchen Fällen spielt die Bezahlung dann eine untergeordnete Rolle. Florian Bieberbach: „Natürlich können wir mit BMW nicht mithalten hinsichtlich des Gehalts, wir dürfen aber auch nicht zu weit weg sein. Dabei haben wir den Vorteil, dass wir nicht nach Tarifen des öffentlichen Dienstes bezahlen müssen. Wir dürfen frei verhandeln und sind in der Lage, marktgerechte Gehälter zu zahlen, wobei unser Angebot sicherlich am unteren Rand liegt."

Ähnliche Probleme drücken Joachim Breuer:

Beim Gehalt sind wir in einer Situation, dass wir damit im Wettbewerb nicht punkten können. Es gibt so gut wie keine Spielräume. Wir haben uns als Verband selbst dem Tarifgefüge unterworfen und sind damit im Regelfall in dieselben Strukturen eingebunden wie andere auch. Ich kann daher kaum individuell über das Gehalt locken, höchstens über das Gefüge.

So heißen seine offerierten Pluspunkte sehr flexible Arbeitszeit, Heimarbeitsplatz oder Eltern-Kind-Zimmer, wenn es um Familienfreundlichkeit geht. Breuer:

Bei Bewerbungsgesprächen hören wir immer sehr schnell die Frage nach unserer sozialen Komponente, und dazu gehört auch die Frage nach der Zeitgestaltung und der Familie. Uns kommt der Trend zugute, dass mehr nach Inhalten der Arbeit gefragt wird als nach Geld. Die Tätigkeit in einer Unfallversicherung ist nach Umfragen bei unseren Mitarbeitern etwas, das sie sehr wertschätzen – weil sie etwas für Gesundheit, Sicherheit und Schutz am Arbeitsplatz leisten können. Und wir haben zwei eigene Hochschulen. Die jungen Leute sind dort in der Luxussituation, dass wir sie anstellen und dann in Ausbildungsmaßnahmen schicken. Sie werden also für das Lernen bezahlt.

Vor diesem Hintergrund kennt Joachim Breuer aktuell keine Probleme, Personal zu rekrutieren. Allerdings mit einer Ausnahme: „Im IT-Bereich fehlt es immer mal wieder. Unter Problem verstehe ich bereits, wenn ich eine Stelle nicht in der gewünschten Zeit in der gewünschten Form besetzen kann. Bei der IT dauert es von Zeit zu Zeit länger."

Auch Maria Krautzberger weiß, wie wichtig es ist, beim Job-Angebot beweglich zu sein: „Da hat sich im UBA auch vieles durch den Umzug nach Dessau entwickelt. Manche Berliner wollten oder konnten den Weg dorthin nur bedingt mitgehen. Die Möglichkeit des mobilen und flexiblen Arbeitens hat Hürden abgebaut, die andernfalls mit der Gewinnung von qualifizierten Mitarbeitern am Standort Dessau verbunden gewesen wären. In jeder anderen Stadt wäre die Situation ähnlich gewesen."

Gleichwohl nimmt es ihre Behörde mit den speziellen Angeboten sehr genau. Krautzberger:

> Bei der Einrichtung eines Telearbeitsplatzes achten wir darauf, dass die Gegebenheiten mit unseren und den gesetzlichen Anforderungen an gesundes Arbeiten übereinstimmen. Dann werden Rechner und Büromöbel hingestellt, praktisch wird ein ausgelagertes Büro eingerichtet. Das Verfahren ist im Detail festgelegt, natürlich ist auch unser Personalrat beteiligt. Wer aus Gründen der Kindererziehung oder wegen der Betreuung eines Pflegefalls Telearbeit machen möchte, wird dies im Regelfall und mit einem dafür festgelegten Zeitkontingent tun können. Konkret: Es sind bis zu 50 Prozent Telearbeit möglich.

On top kommt noch das sogenannte mobile Arbeiten mit Dienst-Laptops. Diese Möglichkeit kann jeder nutzen, sofern das in der Arbeitseinheit abgestimmt ist. Krautzberger: „Diese Variante ist variabel, nicht formalisiert. Es ist für uns essenziell, dass wir so etwas anbieten können. Damit akquirieren wir auch Personal, das wir sonst nicht bekämen. Ohne diese Möglichkeiten der Digitalisierung hätten wir sicher mehr Probleme." Bei aller Funktionalität der Angebote hat Maria Krautzberger allerdings auch einen Nachteil entdeckt, der durch ebendiese Beweglichkeit entstanden ist: „Diejenigen, die sehr weitgehend flexibel arbeiten, verlieren insgesamt etwas den Kontakt zum Geschehen. Sie haben oft weniger fachlichen Austausch, weil sie weniger da sind. Und wenn sie da sind, konzentrieren sie sich eher auf ihre Kernaufgaben. Da kann der Blick über den Tellerrand oder für ergänzende Fortbildungsmöglichkeiten des Amtes verloren gehen."

Im Hinblick auf das zitierte „flexible Arbeiten" sieht Frank-Jürgen Weise generell eine Gefahr heraufziehen, wenn sich diese Möglichkeiten im öffentlichen Sektor nicht durchsetzen. Weise:

> Ich möchte ergänzen, welche Leute wir dann nicht finden würden, und das wäre eine Gefahr für den öffentlichen Dienst: Wir brauchen Mitarbeiter, die in einer Arbeitsumgebung tätig sein wollen, die ihnen eine persönliche Gestaltung ihres Umfelds ermöglicht. Also arbeiten von zu Hause, ein Sabbatjahr oder ähnliche Angebote. Wir müssen spannende Aufgaben bieten, an denen man sich weiterentwickeln kann. Denn sonst kriegen wir nur die Menschen, die in geordneten, sicheren Formaten arbeiten wollen. Da müssen wir aufpassen.

Gleichwohl sieht er aktuell keine Probleme, im digitalen Bereich qualifizierte Mitarbeiter zu rekrutieren:

> Wir finden für die eigene IT ausreichend Personal. Denn wir haben uns entschlossen, auf ein eigenes IT-Systemhaus

zu setzen. Das macht natürlich nicht alles, aber wir wollen die Kompetenz, Dritte zu beauftragen, ganz stark bei uns haben. Ich halte es für kluges Outsourcing, wenn man selbst eine Kernkompetenz hat und sich den Rest von Experten einkauft. Das ist für alle das Erfolgsmodell. Diese so geschaffene Unternehmenskultur macht uns attraktiv, anders vielleicht als sonst im öffentlichen Dienst. Dazu kommt auch ein eigenes Entgeltsystem, das interessant für Leute ist, die performen.

Eberhard Veit sieht insbesondere im Hinblick auf Software-Entwickler keine Probleme, ausreichend Fachkräfte rekrutieren zu können. Denn:

In Sachen Software kann man von überall aus zusammenarbeiten. Insgesamt glaube ich, dass die Arbeitswelten vernetzter werden. Egal, wer wo auf der Welt sitzt, er kann über die Software mit uns zusammenarbeiten. Warum sollen nicht ein Inder, ein Deutscher und ein Amerikaner in einem gemeinsamen Datenraum zusammenarbeiten? Ich glaube, der Standort, schöne Büros und Sonstiges werden insbesondere bei den Software-Entwicklern keine Rolle mehr spielen.

Tanja Gönner hat für ihr Unternehmen ebenfalls „keine Hinweise darauf, dass die Personalrekrutierung eine Schwierigkeit ist". Sie führt dies auch auf die soziale Einstellung der jungen Generation zurück: „Wir haben den Vorteil, dass es viele gibt mit intrinsischer Motivation. Sie entdecken mit uns ein Unternehmen, bei dem es um etwas mehr geht als nur den Job. Sie können da mit Überzeugung reingehen und Wertegebundenheit sehen. Wir sind in der glücklichen Lage, eine Menge entsprechender Bewerbungen zu bekommen. Die Sinnstiftung der Arbeit ist für uns ein wichtiges Argument. Vor diesem Hintergrund haben wir die Chance, wirklich auswählen zu können, was die entsprechenden Profile angeht."

Neben der Sinnstiftung gehört für sie auch die Frage der Abwechslung, der Entwicklungsmöglichkeiten sowie eine gewisse Form von Sicherheit dazu, um passende Bewerbungen zu erhalten. Gönner: „Bei der Mehrzahl dieser Punkte sind wir gut aufgestellt. Auch unser Recruiting-System ist schon seit Jahren komplett internetbasiert. Insoweit hilft uns die Digitalisierung sehr."

Martina Koederitz sieht die damit zusammenhängenden Probleme ähnlich:

> Die Entwicklung insgesamt macht es auch für IBM erforderlich, verschiedene und unterschiedlichste Modelle zuzulassen, um die Attraktivität der Arbeitsplätze zu erhalten und zu erhöhen. Wir fragen uns auch, wie wir eine Kultur erschaffen können, in der es selbstverständlich ist, dass Männer Erziehungszeit nehmen. Es ist also ein Strauß unterschiedlicher Maßnahmen. Ich bin der Auffassung, dass dies wichtig ist, denn nicht jede Berufs- und Lebensplanung ist gleich.

Eine solche neue Sinnstiftung der Arbeit erkennt auch Florian Bieberbach:

> Den riesigen Wandel im Recruiting haben wir mit unserer Neupositionierung als Unternehmen insgesamt erlebt. Das bestätigt total, was man über Personalmanagement

und Generation Y lesen kann. Als wir gesagt haben, dass wir voll auf erneuerbare Energien setzen, und sich das herumgesprochen hat, und seitdem die Energiewende ein positiv besetztes Thema ist, haben wir nicht nur in der IT, sondern durch die Bank weg plötzlich viel mehr und höher qualifizierte Bewerbungen als vorher. Tatsächlich sagen unheimlich viele Leute: ‚Das ist ein tolles Projekt, da möchte ich mitarbeiten.' Es sind oftmals auch Jahrgangsbeste, die sich fragen, ob eigentlich Geld entscheidend ist. Stattdessen wird es ihnen wichtiger, für ein tolles Projekt zu arbeiten, das gesellschaftliche Anerkennung findet. Diesen Wertewandel kann ich voll bestätigen, und natürlich profitieren wir davon.

Gelebte Unternehmenskultur ist auch für Johann Bizer ein entscheidendes Kriterium dafür, kaum Personalsorgen zu kennen. Er profitiert jetzt davon, dass seit der Gründung junge Leute für das Unternehmen gewonnen wurden – sowohl über Nachwuchs- und Trainee-Programme als auch über externe Ausschreibungen. Bizer:

Dadurch kriegen wir einen relativ großen Anteil von Mitarbeitern, die privatwirtschaftliche Erfahrung haben und manchmal bereits schon älter sind. Die erklären unseren Leuten: Was jammert ihr rum, wisst ihr eigentlich, wie die Welt aussieht? Sie sind froh, bei Dataport zu sein. Wörtlich hat einer gesagt: ‚Hier geht man mit den Menschen vernünftig um. Das kenne ich von der Firma, bei der ich vorher war, nicht so. Da habe ich zwar mehr Geld verdient, aber ich möchte nicht wieder zurück.' Das ist unser Erfolgsmodell. Die Leute wissen genau, was sie daran haben. Und wenn es sein muss, arbeiten sie mehr als die festgesetzten 38½ Stunden. Weil das Unternehmen ihnen etwas wert ist.

Als Arbeitgeber attraktiv zu sein ist zwingend erforderlich, um gute Leute zu bekommen, unterstreicht auch Tanja Wielgoß:

> Das ist für uns ein Top-Thema. Die Tatsache, dass wir immer wieder als bester Arbeitgeber und beliebtestes Unternehmen von Berlin gewertet werden, zeigt, dass wir die Bedürfnisse unserer potenziellen Beschäftigten gut im Blick haben. Kein Unternehmen kann sich ausruhen, wenn es weiterhin guten Nachwuchs für sich gewinnen will. Die Absolventen im Folgejahr wissen doch gar nicht, was die Absolventen des Vorjahres gesehen haben. Dies ist auch einer der Gründe, weshalb wir im Marketing nicht nachlassen werden. Nur eine Firma mit gutem Image bekommt gute Bewerber. Das gilt auch dann, wenn die Bezahlung nicht die im Markt höchste ist.

Tatsächlich hat die Mehrzahl der CEOs längst eine positive Unternehmenskultur als wichtiges Hilfsmittel identifiziert, um erfolgreich geeignetes Personal vom Markt fischen zu können. Birgit Roos: „Wir merken, dass junge Menschen sehr stark Wert darauf legen. Sie bewerten, wie ein Unternehmen unterwegs ist. Wie gehen die mit Mitarbeitern um, wie gehen die mit mir um? Wenn das in Ordnung ist, entscheiden sie sich ganz bewusst dafür, bei uns zu bleiben, statt die große weite Welt zu suchen."

Frank Karsten wertet das sogar als „ganz große Aufgabe". Er stellt fest:

Verwaltungseinheiten wie Versicherungen sind historisch sehr stark hierarchisch aufgestellt. Das bedeutet, dass solche Dinge wie ein Verbesserungsvorschlagswesen hier nicht funktionieren. Alles, was an Prozessen da ist, ist gottgegeben und richtig so. Deshalb ist die größte Herausforderung, Unternehmenskultur dahin zu verändern, dass wir zu einer höheren Diskurskultur kommen. Wir müssen also Dinge, die wir tun, in Frage stellen und überprüfen, ob wir die nicht auch anders machen können.

Wie Martina Koederitz beobachtet auch er ein verändertes Verhalten bei jungen Mitarbeitern:

Wenn jemand gerade eine Familie gegründet hat, dann ist es normal, dass er ein halbes Jahr lang auf sein Kind aufpassen will, auch als Mann. Wenn man dann als Unternehmen sagt: ,Das haben wir noch nie so gemacht', kriegt man den gar nicht mehr. Ich habe in den letzten Jahren hervorragende Leute von Wirtschaftsberatungen, von Exzellenzprogrammen der Universität genommen, die mir hinterher genau das rückgespiegelt haben.

Noch immer sei in vielen Unternehmen keine Auszeit möglich. Frank Karsten: „Es ist auch immer die Frage, ob das auf dem Papier steht und es trotzdem EDEKA – also Ende der Karriere – oder gelebte Praxis ist. Das nehmen die Leute wahr. Ich habe einen jungen Gruppenleiter, Doktor der Mathematik. Der ist zu uns gekommen, weil er aus dem Bekanntenkreis gehört hat, dass hier die Vereinbarkeit von Familie und Beruf ordentlich gelebt wird."

Lutz Marmor bestätigt, wie wichtig dieser äußere Rahmen ist. Er hebt hervor: „Wir bieten schon Bedingungen

wie familiengerechtes Arbeiten, Sabbatjahre und Vereinbarkeit von Familie und Beruf. Bei uns können die Mitarbeiter auch ein Jahr Auszeit nehmen oder in Teilzeit
arbeiten. Da sind wir sehr flexibel. Wir versuchen jetzt,
häufiger auch Führungskräfte in Teilzeit zu bringen. Das
ist wichtig, um attraktiv zu bleiben für die Besten, denn
wir leben von unseren Mitarbeitern."

Trotz solcher Anreize sei es schwieriger, technische
Experten zu bekommen. Marmor:

> Man muss schon zugeben, dass jetzt durchaus einige z. B.
> zu Google wollen. Dass es das Unternehmen hier in Ham-
> burg gibt, merken wir genauso, wie wir früher gemerkt
> haben, dass bestimmte EDV-Spezialisten zu SAP gingen
> und nicht zu uns kamen. Insgesamt sind wir nach wie vor
> ein attraktiver Arbeitgeber, vor allem auch für Journalis-
> ten, die unabhängig und seriös berichten wollen, ebenso
> wie z. B. für Mediengestalter.

Eberhard Veit sieht ebenfalls personell einen Engpass im
Bereich der digitalen Themen: „Vor allem bei der Software würden wir uns schon wünschen, mehr zu haben."
Ansonsten hat er keine Sorge darum, „die nächste Generation zu kriegen, die Digital Natives". Veit: „Die Marke
Festo ist unglaublich stark, was die Einschätzung als
attraktiver Arbeitgeber angeht. Wir sind als Champion
bekannt. Viele Hochschulen ranken uns ganz oben. Wir
gelten als der Betrieb, bei dem man nach dem Studium
arbeiten möchte, und haben letztes Jahr 18.000 Bewerber gehabt. Also wir haben schon Nachwuchs, der sich

für dieses Unternehmen sehr interessiert und hier arbeiten möchte. In der Summe stimmt's."

Nicht der Standort, sondern ihre Branche generell macht erfolgreiche Rekrutierung derzeit schwierig, findet Birgit Roos: „Natürlich müssen wir im Hinblick auf das Personal mehr kämpfen, um hierfür nach Krefeld gute Leute zu gewinnen. Aber wir leiden auch darunter, dass Finanzdienstleister momentan nicht so ganz oben auf der Skala stehen."

Den Ort dagegen schätzt sie grundsätzlich nicht als Nachteil ein: „Man muss Lust haben, in eine Großstadt wie Berlin zu gehen. Das ist sicherlich nichts für jene Auszubildenden, die sich zunächst einmal für uns entscheiden. Der regionale Fokus kann für einen Mitarbeiter sehr wertstiftend sein. Und wenn er Ja zu Krefeld sagt, heißt das auf keinen Fall, dass er vom Profil her nicht modern oder nicht digital unterwegs ist."

Ihre Auszubildenden sind überwiegend Abiturienten, wobei jetzt zunehmend eine andere Klientel angesprochen wird. Birgit Roos:

Wir machen sehr gute Erfahrungen mit Studienabbrechern. Das sind junge Menschen, die offensichtlich erkannt haben, dass Studium nicht ihr Ding ist. Und dann viel loyaler sind, wenn sie merken, dass sie mit der Ausbildung bei uns sehr gut fahren. Wir schauen auch darauf, sehr qualifizierten jungen Menschen begleitende Studien und Ähnliches anzubieten. Durch solche zusätzlichen Angebote wollen wir sie an uns binden. Und wir merken, dass wir Potenzialkandidaten schneller

Karrierepfade anbieten müssen und schneller Verantwortung übergeben.

Im Hinblick auf die Zukunft lässt Birgit Roos nicht nur Bankkaufleute, sondern auch IT-Fachkräfte ausbilden: „Das ist wichtig, weil wir dann auch deren Knowhow haben. Allerdings übernehmen wir nicht jeden. Bei der Anzahl der jungen Menschen, die wir ausbilden, ist das gar nicht anders möglich. Aber – und das ist schon bekannt in der Region – die Mittelständler oder die kleineren Unternehmen sind sehr interessiert an unseren Leuten, weil man weiß, wie gut wir ausbilden."

Probleme für andere erkennt Rada Rodriguez:

Der deutsche Mittelstand, das Rückgrat unserer Wirtschaft, könnte ein Problem bekommen. Dieses Thema sollte viele beschäftigen. Wenn die Digitalisierung – wie es heute scheint – in dieser übergroßen Transformation kommt, werden viele Mittelständler, die nicht in den Großstädten ansässig sind, entweder das Geld oder das Verständnis für diese Veränderungen nicht haben. Und selbst wenn, finden sie vielleicht die benötigten Arbeitskräfte nicht.

Eberhard Veit dagegen hält mit Blick auf den heimischen Mittelstand deutsche Unternehmen im Vergleich zur internationalen Konkurrenz gut gerüstet. Eberhard Veit: „Die sind, was Digitalisierung, was die Zukunftsfähigkeit und vor allen Dingen die Wandlungsfähigkeit anbetrifft, gar nicht so schlecht aufgestellt. Ich glaube, durch die

Kommunikation werden mehr Ängste und Befürchtungen geschürt, als das in Wirklichkeit sein müsste."

Jörg Hofmann schließt sich dem grundsätzlich an und sieht ein anderes Problem als bedeutender und gefährlicher an:

> Es ist durchaus möglich, auch an nicht-zentrale Standorte qualifiziertes Personal zu bekommen. Es ist erstaunlich, wie sich Top-Firmen in von Metropolen abgelegenen Gegenden entwickeln können. Dennoch sind sie attraktiv. Das hat etwas mit Ansprache zu tun, mit Führung, mit dem Profiling des Unternehmens. Es hängt auch zusammen mit aktiver Suche und Kooperations-Partnerschaften, etwa dem Aufbau von regionalen Hochschulen. Das hat viele positive Aspekte, aus meiner Sicht aber auch einen negativen Begleitaspekt.

Die Sorge von Hofmann hängt mit seiner Lieblingszahl zusammen:

> In Deutschland gibt es gegenwärtig mehr als 850 technische Bachelor-Abschlüsse. Jeder Unternehmer kreiert sich in seiner Nachbar-Fachhochschule seinen Bachelor-Abschluss. Wir sind dadurch in der akademisch-technischen Ausbildung völlig schmalspurig aufgestellt. Schmalspurig wird es dadurch, dass wir keine arbeitsmarktfähigen Abschlüsse haben, wenn in anderen Regionen keine Nachfrage für die spezifischen Abschlüsse besteht. Diese Entwicklung ist sehr gefährlich. Aus einer guten Grundidee mit den Fachhochschulen in der Umgebung ist etwas geworden, das zumindest in Schieflage geraten ist. Die Bachelor-Ausbildung muss dringend

auf breitere Füße gestellt werden. Wir haben keinen Ordnungsrahmen dafür. Natürlich ist es schön, einen Abschluss zu haben – doch das ist nur der Beginn einer beruflichen Entwicklung. Deshalb werden wir mit dieser Spezialisierung an Grenzen stoßen.

Er plädiert stattdessen für die duale Berufsausbildung als Basis:

Hier ist der Ordnungsrahmen dadurch gegeben, dass die Sozialpartner die Berufsbilder definieren. In der akademischen Ausbildung haben wir immer noch das Humboldtsche Prinzip. Im Kern bräuchte man etwas, wo die Sozialpartner eingreifen können. Es geht nicht darum, die akademische Freiheit einzuschränken. Es geht darum, Berufsbilder zu kreieren, die von Praktikern geschrieben sind und für die Arbeitswelt eine solide Grundlage bilden. Da wird man sich überlegen müssen, welches Ausbildungsmodul noch ergänzend dazukommen muss. Aber insgesamt liefert diese Ausbildung eine breite, fundierte Grundausbildung und darauf aufbauend die berufliche Erfahrung und Weiterbildung – ein vergleichbares Bild lässt sich derzeit mit der akademischen Ausbildung nicht zeichnen.

Hofmann blickt vor diesem Hintergrund aus gewerkschaftlicher Sicht weit nach vorn:

Wir haben uns in dieser Thematik bereits positioniert und schon in der letzten Tarifrunde die Forderung nach einer Bildungs-Teilzeit angesprochen. Es geht darum, dass die Menschen sich entscheiden können, welche begehbaren

Wege sie während ihrer beruflichen Tätigkeit zur Weiterbildung nutzen können. Der Arbeitgeber hat natürlich ein Interesse, dass der Kollege bis zuletzt an der Maschine arbeitet, an der er heute tätig ist. Und was ist, wenn es diese Maschine morgen nicht mehr gibt? Deshalb wollen wir gerade auch mit Blick auf Industrie 4.0 jedem Einzelnen durch weitere Qualifikation die Möglichkeit bieten, sich durch eigene Initiative fit zu machen und beruflich weiterzuentwickeln. Mit dem Tarifvertrag besteht jetzt ein Anspruch auf Teilzeit unter Fortbestand des Arbeitsverhältnisses. Das wird auch bei jungen Leuten heute schon kräftig genutzt. Dennoch müssen wir noch mehr darüber nachdenken. Im Prinzip braucht es nämlich ein Zusammenwirken dreier Kräfte: den Arbeitgeber, der anspornt und unterstützt, den Beschäftigten, der das will, und letztendlich auch eine Infrastruktur an Weiterbildungsangeboten. Auch der Staat könnte etwas dazutun, um solche sinnvollen Qualifikationsangebote durch steuerliche Anreize zu fördern.

Kritisches über die Ausbildung allgemein ist auch von Erich Sixt zu hören. Er geht mit dem Nachwuchs insgesamt hart ins Gericht. Sixt:

Heute gibt es immer noch Bewerber, die kein Excel und kein Word können. Die Menschen sollten aber eigentlich schon in der Schule mit dem Rüstzeug ausgestattet werden. Kitas, Grundschulen, weiterführende Schulen und Universitäten müssten sich komplett umstellen. Mehrmals im Jahr halte ich Vorträge an Universitäten und Fachhochschulen, weil ich für Trainees werbe. Doch an den Hochschulen sind sie noch um Jahre zurück, sodass eine zeitgemäße Einstellung der Studenten nicht gefördert wird.

Er glaubt, dass nur ein geringer Prozentsatz der Studien-
abgänger an Universitäten dazu geeignet ist, in seinem
Unternehmen zu überleben. Denn:

> Bei uns ist vieles kreatives Chaos, hier gibt es keine Abtei-
> lung, die den neuen Mitarbeitern alles besorgt. Wir werfen
> die ins Wasser und schauen, ob sie zu schwimmen begin-
> nen. Wir glauben, dass der Mensch viele seiner Fähigkei-
> ten gar nicht nutzt. Man muss ihn zur Selbstständigkeit
> zwingen. Das ist natürlich eine Start-up-Kultur. Aber wir
> haben den Start-ups eines voraus: Das Start-up kennt
> Murphy's Law noch nicht.

Bei Karrieren in Großkonzernen verweist Erich Sixt auf
Nachteile: „Nach fünf Jahren dort ist der Mitarbeiter
geprägt, man passt sich an. HR sorgt dafür, dass der Ein-
heitstyp geschaffen wird. Es ist schwer, in einem solche
Umfeld seine Eigenständigkeit zu bewahren."

Work-Life-Balance ist nicht die Welt des Erich Sixt:
„Das ist heute ein absolutes Modewort. Bei Einstellungs-
gesprächen erwähnen es 90 Prozent. Doch damit und mit
dem Wunsch nach überschaubarer Arbeitszeit und Sicherheit wird man nicht zum kreativen Kopf und wird nicht
viel bewegen. Das schafft nur ein eigener Typus Mensch."

Auch Eckhard Nagel fragt sich, ob der Nachwuchs richtig ausgebildet wird. Er plädiert im medizinischen Bereich
für eine Neuerung:

> Die Organisationsstrukturen des Krankenhauses sind häu-
> fig noch recht antiquiert, manche würden es archaisch nen-
> nen. Das liegt an der Historie, die sich vollständig auf die

ärztliche Expertise konzentriert hat, um den Patienten eine bestmögliche Behandlung zukommen zu lassen. Das ist auch heute noch wichtig. Aber ärztliches Handeln braucht die Einbindung in ein gemeinschaftliches, interprofessionelles Team. Dazu gehört zuallererst das Management. Die dort Verantwortlichen müssen von der Patientenversorgung mehr verstehen als ein klassischer Betriebswirt. Deshalb schwebte mir ein eigener Studiengang vor, der in Bayreuth durch die Initiative der dortigen Wirtschaftswissenschaftler im Jahr 2000 auch begründet wurde. Dieser Studiengang hat bereits einen wesentlichen Beitrag zu einer zukunftsfähigen kaufmännischen Betreuung von sogenannten Gesundheitsunternehmen geleistet. Dennoch steht für viele Krankenhäuser eine sogenannte Kulturrevolution noch bevor. Ich möchte diesen Begriff positiv verstanden wissen! Nehmen wir einmal die Personalentwicklung: Krankenhäuser, die häufig zu den größten Arbeitgebern in einer Stadt oder einer Region zählen, beginnen erst Konzepte in diesem Bereich zu entwickeln – während andere Unternehmen längst verstanden haben, dass dies zur Zukunftssicherung unabdingbar ist.

Ein sicherlich sehr wertvoller Mitarbeiter wäre nach seinen Vorstellungen ein Mediziner, der sich tatsächlich für IT interessiert. Doch bislang hätte sich kaum ein Arzt auf die globale Perspektive eingelassen. Nagel: „In aller Regel konzentrieren sich solche Medizin-Informatiker auf einen bestimmten Bereich. Es gibt beispielsweise Medizin-Physiker, also Physiker, die sich ganz bewusst für die Wirkung von physikalischen Einflüssen, z. B. Strahlen, auf die Biologie des Patienten interessieren. Aber nur wenige

Menschen interessieren sich für das Zusammenfassen verschiedener Schnittstellen in der IT."

Solche speziellen Anforderungen stellt auch Franz Knieps: „Ich brauche immer Mitarbeiter, die sowohl die fachliche Kompetenz als auch die Technologie-Kompetenz haben. Ich habe erfahrene Leute, die das können. Und zu denen haben wir eine Handvoll eingestellt, die direkt von der Uni kamen. Unsere beiden mit IT befassten Abteilungsleiter sind sehr gut bezahlte Mitarbeiter."

Im Großen und Ganzen sieht Knieps bei keinem Verbandsmitglied Probleme mit der Personalrekrutierung. Allerdings:

> Es hängt stark vom einzelnen Vorstand ab. Wenn dort noch traditionelle Sozialversicherungs-Fachangestellte dominieren, wird es schon mal schwierig. Manchmal akzeptieren die von der Kultur her keine Akademiker und keine IT-Leute, die ja auch kleine Anarchisten sind, Menschen, die andere Arbeitszeiten, andere Arbeitsgewohnheiten pflegen. Wenn dann ein bürokratischer, penibler Vorstand – ausgebildet nach der Reichsversicherungsordnung – dominiert, treffen Welten aufeinander."

Ein weiteres Problem lässt sich unter dem Stichwort „Durchmischung" erkennen. Zahlreiche CEOs beklagen die Schwierigkeit, vorhandenes Personal mit neuen Talenten sinnvoll und für das Unternehmen ertragreich zu verquicken. Nicht immer scheint es nur positiv zu sein, auf Langzeit-Betriebsangehörige zu setzen. Frank Riemensperger:

Wir fahren sehr bewusst einen Mitarbeiter-Turnover zwischen 11 und 13 Prozent pro Jahr. Das heißt, dass wir unsere gesamte Mannschaft in neun bis zehn Jahren vollständig weiterentwickeln. Das hängt mit der Karriereentwicklung der Mitarbeiter zusammen. Wenn sie zehn oder zwölf Jahre bleiben, haben sie ihr Gehalt deutlich verbessert. Wir sagen dann, mehr geht nicht. Viele wechseln daraufhin zu einem Industrieunternehmen. Einige verlassen uns auch, weil sie Familie haben und lokaler arbeiten wollen. Die gesteuerte Fluktuation ist nur ein kleiner Bruchteil davon. Diese Situation erlaubt es uns, jedes Jahr eine zuverlässige Kurskorrektur von 10 Prozent der gesamten Belegschaft zu machen. Wenn wir das also zehn Jahre hintereinander tun, könnten wir in diesem Zeitraum auch ganz neue Unternehmenszweige aufbauen. Wird sind heute zum Beispiel eine der größten Digitalagenturen in der Welt. Dabei haben wir erst vor zehn Jahren in diesem Bereich begonnen.

Alf Henryk Wulf erkennt bei der Verknüpfung von alten Mitarbeitern und der digitalen Technik Probleme:

Mit dem großen Wandel haben viele wirklich Schwierigkeiten. Erst allmählich sickert es auch in den Betriebsräten durch, dass es ein echter Wandel ist, dass es nicht vorübergehend ist und dass man nicht mit Kurzarbeit das Problem lösen kann. Wir haben also zu viele Leute auf der falschen Seite an Bord. Einfacher war es, eine kleine Truppe aufzubauen, die sich ausschließlich im kommunikativen Sinne mit der Nutzung sozialer Medien befasst. Die Leute findet man, das geht, es geht nicht um Heerscharen. Doch es ist schwierig, die beiden Pole sinnvoll und ertragreich zu verbinden.

Christoph Vilanek unterstützt:

> Insgesamt müssten wir das Bewusstsein der Leute verändern. Das erreicht man am besten über Durchmischung. Man hole das Neue, das Fremde in das Unternehmen und mache es sichtbar und präsent. Doch wir kriegen das nicht hin. Obwohl wir ein verhältnismäßig junges Unternehmen sind, haben wir eine durchschnittliche Zugehörigkeit von über 15 Jahren. Das ist ein Beweis für unsere Altersstruktur. Eigentlich müssten wir überall junge Leute ranholen, Digital Natives. Das darf dann aber nicht einer allein sein. Den Einzelnen schicken die alten Mitarbeiter nämlich zur Dialyse in den Keller, und dann ist alles wie vorher. Kreativer Widerstand wird im Keim erstickt, wenn es um eine Einzelperson geht. Das ist für mich die größte Herausforderung: Wie veränderst du den Spirit?

Anders sei die Lage am Standort in Berlin:

> Da kriege ich junge Leute, da habe ich eine höhere Fluktuation. Da habe ich frisches Blut und Veränderung. In Hamburg ist es genauso. Doch unsere IT-Abteilung sitzt in Büdelsdorf. Das ist die Schwäbische Alb von Schleswig-Holstein. Da haben sich die Leute vor acht Jahren für 100.000 € ein freistehendes Einzelhaus gekauft und gehen dann nicht mehr weg. Bei etablierten Leuten eine Fluktuation zu erreichen, das ist nicht drin, null Durchmischung.

Ein Problem, denn für ihn bleibt der Mensch auch und vielleicht besonders in der zunehmend digitalisierten Welt Dreh- und Angelpunkt: „Eigentlich spannend ist das Thema Human Resources und gar nicht die Digitalisierung. Wir stehen vor der Rückkehr des Fachverkäufers."

Frank Appel denkt ähnlich:

> Das Führen einer Organisation hat sich über die Jahre nicht wesentlich verändert. Die Digitalisierung bietet nur eine andere Form. Was vor ein paar Jahren noch schriftlich kommuniziert wurde, bringe ich heute per Video-Blog rüber. Am Ende ist es einfach wichtig, dass die Mitarbeiter im Unternehmen wichtige Botschaften so schnell und einfach wie möglich bekommen. Ich habe schon vor sechs Jahren Chats gemacht. Das machen heute die meisten nicht mehr. Aber damals war es total in. Da haben wir eine Stunde lang Fragen beantwortet, die wir online bekommen haben. Heute finden das alle langweilig.

Entscheidend sei einfach, Menschen aktiv zu führen. Appel:

> Führung ist kein Informations-Monopol. Das galt früher, und das gilt auch heute noch. Bei Führung geht es vielmehr darum, Mitarbeiter zu fördern und sie in die Lage zu versetzen, ihr Bestes zu geben. Mitarbeiter wollen einen Beitrag leisten, und gute Führung hilft ihnen dabei. Menschen zu befähigen ist das genaue Gegenteil von Informationsverknappung. Führung hat ganz viel mit Vertrauen zu tun. Das ist jedenfalls meine Erfahrung.

Den Unterschied zu vergangenen Jahrzehnten sieht Appel in der technischen Ausrüstung, wobei der Postchef gleichzeitig vor einer Überforderung warnt:

Natürlich sind Computer und Smartphone heute Standard bei Informationsbeschaffung und -austausch. Gleichzeitig muss man den Mitarbeitern helfen, damit umzugehen, damit sie nicht in der Informationsflut ersticken. Und man muss sich als Führungskraft selbst disziplinieren und Grenzen einhalten. Wenn es nicht unumgänglich ist, gibt es keinen Grund, Mitarbeiter am Wochenende mit irgendwelchen wichtigen oder unwichtigen Fragen zu behelligen. Man muss ihren Anspruch auf Privatleben und Erholung respektieren. Bestimmte Grundregeln guter Führung haben sich für mich nicht geändert.

Deshalb pflegt Frank Appel auch in Bezug auf E-Mails eine ganz eigene Philosophie:

Man darf selbst als Vorstandsvorsitzender nicht davon ausgehen, dass jede verschickte E-Mail innerhalb kürzester Zeit beantwortet wird. Wer das denkt, macht etwas falsch. Und um gar keinen Druck aufkommen zu lassen, unterlässt man das am Wochenende am besten ganz. Das tue ich. Ich schicke nur wenige E-Mails. Ich versuche nach Möglichkeit, die Leute in Ruhe an ihren Projekten arbeiten zu lassen. Das machen die anderen Vorgesetzten bei uns genauso. So ein Führungsverhalten muss man trainieren; das kann man nicht einfach anordnen.

Er selbst sieht sich auch als jemand, der nicht permanent in seine E-Mails guckt. Appel:

Das kostet nur Zeit. Das reale Leben findet in der physischen Welt statt und nicht darin, den E-Mail-Verkehr zu studieren. Ich greife lieber zum Telefonhörer oder suche das persönliche Gespräch, wenn Dinge zu klären sind. Wie das Führungsverhalten wahrgenommen wird, erfährt man am besten, wenn man Mitarbeiter in bestimmten Zyklen danach befragt. Dann erkennt man sehr deutlich, wo es noch nicht passt. Und wenn man das regelmäßig wiederholt, dann wird das Gros der Führungskräfte sein Verhalten ändern.

Es komme vor allem darauf an, die Mitarbeiter intelligent einzusetzen. Damit die Menschen das, was sie können, noch besser machen. Frank Appel:

> Wenn ich beispielsweise einem Mitarbeiter im Lager dabei helfe, seine Arbeit schneller und besser zu machen, dann wird er zum einen entlastet. Zum anderen wird er so produktiver. Die zentralen Fragen rund um Digitalisierung sind für mich: Was kann ich tun, um Produkte besser zu machen? Was kann ich tun, um Menschen besser zu befähigen? Für mich sind dies zwei entscheidende Hebel für finanziellen Erfolg. Bessere Produkte verkaufen sich besser, und digital unterstützte Prozesse erleichtern die Arbeit der Mitarbeiter. Digitalisierung kann helfen, Prozesse schlanker zu gestalten.

Appel sieht die Digitalisierung einfach als Mittel zum Zweck: „Was früher der Fernseher war, sind heute Internet oder Computer. Ich habe noch mit der Schreibmaschine angefangen. Meine Kinder kennen schon kein Faxgerät mehr."

Nachdrücklich unterstreicht Frank Appel das Thema Vertrauen: „Ein Mensch merkt, wenn man kein Vertrauen

zu ihm hat. Das senkt die Hemmschwelle für Datenmiss-
brauch. Wenn ein Mensch das Gefühl hat, man traue ihm
sowieso nicht, dann scheint es auch egal, wenn er Daten
einfach weitergibt. In einem Klima des Vertrauens passiert
einfach weniger. Das lässt sich neurobiologisch sehr gut
nachvollziehen."

Auch Timotheus Höttges plädiert für einen Weg, der
statt „Command & Control"-Kultur die Flexibilität und
Eigenverantwortung der Mitarbeiter fördert: „Das stei-
gert nicht nur die Produktivität, sondern ist auch der
Nährboden für mehr Kreativität, Unternehmergeist und
Innovation."

Allerdings sieht er dagegen ein durchaus geändertes
Führungsverhalten in Zeiten der Digitalisierung:

> Natürlich gibt es das, und es ist sogar sehr bewusst herbei-
> geführt. Dabei geht es nicht nur um meinen persönlichen
> Ansatz. Das Thema durchdringt den ganzen Konzern und
> alle Hierarchie-Ebenen und verändert sie. Die Präsenzkul-
> tur früherer Tage gibt es nicht mehr; sie hat einer Ergeb-
> nis- oder Leistungskultur Platz gemacht. Heute geht es
> um flexible Arbeitsmodelle, die projektorientierte Zusam-
> menarbeit unabhängig von Zeit und Raum ermöglichen.
> Stichwort ‚virtuelles Arbeiten'. Das hat natürlich Konse-
> quenzen für Führung.

Die richtige Durchmischung hat auch Timotheus Höttges
im Blick. Für die Telekom-Belegschaft schwebt ihm vor:

> Ziel sollte es sein, eine möglichst diversifizierte Mann-
> schaft zu haben. Junge, Technik-affine Digital Natives,

die mit Laptop und Spielkonsole aufgewachsen sind, aber auch ältere Mitarbeiter mit hohem Wissens- und Erfahrungskapital, das sich die Jungen erst erarbeiten müssen. Ich bin im Übrigen ein großer Verfechter des Konzepts eines ‚lebenslangen Lernens'. Das nutze ich selbst, und das sollten auch Mitarbeiter so halten. Neu ist spannend. Der Erwerb von Kompetenzen, die etwa durch die Digitalisierung relevant oder noch wichtiger geworden sind, nützt ja nicht nur dem Unternehmen und den Kunden. Die Mitarbeiter investieren auch in ihre eigene Zukunft und sichern sich ihre Beschäftigungsfähigkeit. Ich denke da beispielsweise an ein Feld wie IT-Sicherheit. Mentalität ist ein sehr wichtiges Thema für mich. Offenheit und Beweglichkeit im Hinblick auf das Erlernen neuer Skills; die Bereitschaft, neue Formen des Arbeitens anzunehmen. Aber auch Verantwortungsbewusstsein und Leistungsbereitschaft: Gelockerte Hierarchien, mobiles Arbeiten und der Verzicht auf Dreiteiler und Krawatte im Arbeitsalltag bedeuten nicht, dass Disziplin verzichtbar wäre.

Die Bedeutung und Wichtigkeit vom lebenslangen Lernen unterstreicht auch Martina Koederitz:

Wenn sich die Welt weiterhin so schnell verändert, müssen wir ein Leben lang lernen. Das ist eine neue Facette im Berufsleben: Früher hat man sich ausgebildet, dann war man der Experte und ist es geblieben. Das hat sich geändert. Heute lernt man ein Leben lang, denn alles entwickelt sich ständig weiter. Wir haben heute ein Rentenalter von 67. Selbst wenn manche Firmen früher verrenten, arbeiten die Menschen heute länger. Wir brauchen wahrscheinlich auch einige talentierte Menschen länger im Arbeitsleben, weil wir nicht mehr genügend qualifizierte

Kräfte haben. Aber man hat keinen festen Status mehr. Die IT-Architekten der letzten 10 Jahre sind nicht automatisch auch gute IT-Architekten für die Cloud von morgen. Meine Security-Architekten der Vergangenheit, die sich in der Firewall und im Data-Center bewegt haben, sind nicht automatisch die richtigen Architekten, um morgen mit Kunden, mit Partnern über Cyber Security zu reden.

Sind also neue Talente erforderlich, gibt es sie überhaupt, bekommt man sie? Martina Koederitz:

Wir brauchen die gesunde Mischung zwischen Eigenentwicklung, Talentaustausch im eigenen Unternehmen, aber auch Inspiration durch die kontinuierliche Versorgung mit frischen und neuen Leuten von außen. Da die richtige Balance zu finden ist wichtig. Und dann gilt es, das gemeinsame Big Picture bei den IBMern im Kopf und im Herzen zu verankern, damit aus einem Puzzle dieser Geist entsteht, um zum richtigen Zeitpunkt den richtigen Menschen, die richtige Expertise, die richtigen Lösungen und die richtigen Produkte zusammenzubringen und darauf ein sehr attraktives Bild für den potenziellen Kunden zu entwickeln.

Zur Vollendung des Puzzles benötige man den Spezialisten für die Cloud, den Spezialisten für Security, den Spezialisten für Mobility-Anwendungen, aber auch den Generalisten. Koederitz:

Dadurch, dass wir heute Geschäftsmodelle und nicht mehr Prozesse definieren, braucht man auch Mitarbeiter, die im Business-Kontext, und das zunehmend aus der Industrieperspektive gesehen, die End-to-End-Verbindung erkennen. Wie verknüpft man bestimmte Dinge, wie baut man ein horizontales Wertschöpfungsnetz auf? Wo definiert man, welche Fertigungstiefe und welche Kernkompetenzen man im eigenen Unternehmen haben möchte und welche Kompetenzen man im Netzwerk dazu ansammelt? Deshalb braucht man mehr Generalisten.

Sorgen der Mitarbeiter um die eigene Zukunft durch fortschreitende Digitalisierung sind häufig bei den Unternehmen zu spüren. Joachim Breuer fasst diese Thematik so zusammen:

Bei neuen Projekten im IT-Bereich ist immer der Reflex da zu fragen, was das an Arbeitsplätzen kostet. Aber es ist nicht mehr so stark wie früher. Denn insgesamt wurde bei uns im Verband die Erfahrung gemacht, dass unterm Strich letzten Endes keine Arbeitsplätze weggefallen sind, ohne durch andere Arten von Tätigkeiten ersetzt worden zu sein. Gleichwohl ist dieser Reflex der Sorge vor Rationalisierungen zumindest bei den Mitarbeitervertretungen immer noch da. Dass IT wirklich insgesamt Arbeitskräfte einspart, glaube ich schon. Aber wir wären auf der anderen Seite sonst nicht in der Lage, mit neuen Arbeitskräften an anderer Stelle unsere Aufgaben heute so zu erledigen, wie wir es tun.

Rada Rodriguez dazu:

Ich sehe den personellen Aspekt der Digitalisierung als eine riesige soziale Herausforderung an Unternehmen, die auch hier mit Investitionen verbunden ist. Viele der Fachkräfte, die wir heute haben, werden wir in dieser Form nicht mehr brauchen, sondern andere benötigen. Wobei erst mal die Frage auftaucht, woher man diese nimmt. Wir brauchen Software-Ingenieure, wir brauchen Data-Management-Ingenieure. Das wird mehr und mehr kommen. Wo finden wir diese Leute? Und zweitens: Können wir sie einstellen und bezahlen? Noch schlimmer aber wird sein, wenn ich jemanden entlassen muss, um Platz zu schaffen für diese neuen Kompetenzen. Das ist ein soziales Problem, das ich im Zusammenhang mit der Digitalisierung sehe. Das Problem wird vor allem dann auftauchen, wenn ich die neuen Leute als Unternehmen nicht on top nehmen kann, sondern austauschen muss. Das ist dann nicht nur mit einem Kostenfaktor, sondern auch mit einer sozialen Turbulenz verbunden.

Christoph Straub sagt in diesem Zusammenhang voraus:

Selbstverständlich wird der zunehmende Einsatz digitaler Medien auch bei den Krankenkassen dazu führen, dass sich die Zahl der Mitarbeiter verringern, gleichzeitig aber die Produktivität zunehmen wird. In meinen Augen ist das eine vollkommen normale Entwicklung. Wir brauchen eine geringere Zahl höher qualifizierter und spezialisierter Mitarbeiter. Diese gewinnt man zum einen, indem man geeignete Mitarbeiter umschult und weiterbildet. Zum anderen muss man sich entsprechende Kompetenzen auch von außerhalb einholen, zum Beispiel durch die Zusammenarbeit mit externen Partnern. Für jeden großen Technologiesprung brauchen Unternehmen immer auch den Freigeist und Input Dritter. Gemeinsam mit der Kompetenz qualifizierter Mitarbeiter sind das die

Voraussetzungen, um den unumkehrbaren und mit vielen Chancen verbundenen Trend zur Digitalisierung in das eigene Geschäftsmodell zum Nutzen der Versicherten, der Patienten und des Unternehmens zu integrieren.

Zum Zeitpunkt der Wiedervereinigung gab es 1160 Kassen, heute sind es noch etwa 120. Straub:

Durch diese Branche ist eine Konsolidierungswelle gelaufen. Mehr Wettbewerb in der Gesetzlichen Krankenversicherung hat auch dazu geführt, dass zukunftsstarke Krankenkassen sich vom schwerfälligen Behördenimage verabschiedet und zu modernen Dienstleistungsunternehmen entwickelt haben. Neue Berufsbilder mit Spezialkompetenzen wie Mathematiker und Controller sind in den Kassen entstanden, auf die wir heute nicht mehr verzichten können und wollen. Aber wir bleiben selbstverständlich als Körperschaft des öffentlichen Rechts, die für die medizinische und pflegerische Versorgung des größten Teils der Bundesbevölkerung zuständig ist, mit klassischen Aufgaben betraut, für die wir den altbekannten Sozialversicherungs-Fachangestellten benötigen. Dessen Verantwortung und Leistung bleibt auch in einer Zeit zunehmender Digitalisierung sehr wichtig.

Gabor Steingart hat erste Einschnitte im Unternehmen bereits abgeschlossen. Steingart:

Nach meinem Antritt als Geschäftsführer der Verlagsgruppe Handelsblatt habe ich im Zuge der Initiative ‚Neustart 2013' etwa 10 Prozent der damals rund 800-köpfigen Belegschaft abgebaut. Davon waren keine

Journalisten betroffen, sondern es wurden in erster Linie in der kaufmännischen Verwaltung Hierarchien abgebaut und Arbeitsabläufe vereinfacht. Gleichzeitig haben wir damit begonnen, Köpfe neu aufzubauen und Abteilungen gezielt zu verstärken – beispielsweise in kundennahen Verkaufsteams oder im Bereich der digitalen Geschäftsfelder. Inzwischen sind alle Stellen wieder besetzt, wie ich es damals versprochen hatte – nur eben in komplett anderen Arbeitsbereichen. Wir haben also das gemacht, was man Strukturwandel nennt.

Auch Frank Briegmann hat den ersten Schritt bereits abgehakt. Im digitalen Vertrieb hat er neue Kollegen an Bord geholt:

Der schnellste Weg, Know-how ins Unternehmen zu holen, war die Einstellung von Digital Natives. Dadurch haben wir in kürzester Zeit große Fortschritte gemacht. Gleichzeitig haben wir das bestehende Team intensiv weitergebildet, um möglichst von Anfang an eine gemeinsame Sprach- und Arbeitsebene zu etablieren. Wer früher Promotion für Presse und TV gemacht hat, kann heute auch die Mechanismen der sozialen Netzwerke bedienen. Und wer von den neuen Kollegen vorher nur mp3 kannte, der weiß heute auch, dass noch immer CDs produziert werden. Wissenstransfer und Team Building sind Schlüsselfaktoren der digitalen Transformation.

Dabei weiß Briegmann:

Die Digitalisierung ist ein kontinuierlicher Prozess, der niemals enden wird. Sie verändert unsere Art zu leben und zu arbeiten. Sie stellt neue Regeln auf. Organisationen und Mitarbeiter müssen sich ständig weiterentwickeln, und zwar proaktiv. Das funktioniert nur mit Unterstützung. Wir haben in neue Mitarbeiter aus der Digitalgeneration und in die Fortbildung unseres bestehenden Teams investiert. Und vor allem haben wir dafür gesorgt, dass wir aus diesen so unterschiedlichen Charakteren eine unternehmerische Einheit formen, in der neue Ideen und jahrelange Erfahrung eine stabile, produktive und vor allem auch gleichberechtigte Verbindung eingehen. Denn wir brauchen unbedingt beides, um so erfolgreich bleiben zu können. Natürlich kam es auch zu Unsicherheiten, übrigens auf beiden Seiten. Aber Unsicherheit entsteht vor allem durch einen Mangel an Information. Und dem sind wir von Anfang an entgegengetreten. Wie bei der Digitalisierung selbst, haben wir auch im Wandel unseres Unternehmens vor allem eine Chance gesehen.

Es gehe also vornehmlich darum, allen bewusst zu machen, dass die neue Entwicklung nicht bedrohlich ist, sondern eine Änderung des Job-Profils mit sich bringt. Dazu gebe es keine Alternative. Briegmann:

Es bestand tatsächlich die Gefahr, dass es zu einer Parallelgesellschaft aus Old Economy und New Economy in ein und demselben Unternehmen kommen könnte. Auf der einen Seite das analoge Geschäftsmodell: immer noch profitabel, aber durch die Absatzkrise verunsichert. Auf der anderen Seite die Digitalen: sehr selbstbewusst, aber zu Beginn noch ohne Proof of Concept. Durch viel Arbeit und intelligente Strategien z. B. in den Bereichen der internen Kommunikation, Fortbildung und des

Knowledge Managements ist es uns gelungen, nicht nur das Auseinanderdriften zu verhindern, sondern als vereintes und sogar gestärktes Team aus dieser Phase herauszugehen. Die Basis dafür, dass wir als erste Content-Branche über ein tragfähiges Modell zur Monetarisierung unserer Inhalte verfügen, waren der Team-Spirit und die Gewissheit, unsere Ziele nur gemeinsam erreichen zu können.

Trotz aller Anstrengungen ist er sich jedoch nicht sicher, ob seine Mannschaft ohne eine weitere organisatorische und personelle Veränderung für die Zukunft gut genug aufgestellt ist. Briegmann:

Unser Team ist in den Bereichen Digital Marketing, Vertrieb und Distribution optimal aufgestellt. Wir haben eine hervorragende Datenbasis zu unseren Produkten und Konsumenten und machen große Fortschritte in Fragen des Data-Minings und der analysebasierten Entscheidungsprozesse. Die große Herausforderung liegt vor allem darin, innovative Methoden, die sich in einer Laborumgebung mit hochspezialisierten Digitalfachleuten bewährt haben, für das gesamte Unternehmen nutzbar zu machen. Das heißt, den kulturellen und technologischen Wandel in den Köpfen zu verankern, genauso aber auch digitale Werkzeuge und Interfaces zu entwickeln, deren Akzeptanz sich durch erwiesenen Usernutzen einstellt.

Doch auch im digitalen Zeitalter werden nach Ansicht von Briegman auf manchen Positionen generell solche Mitarbeiter erforderlich sein, die nach traditionellem Denken handeln. Er erläutert das an diesem Beispiel:

Es gibt Kollegen, die wissen sofort, ob ein Song im Radio gut läuft. Andere können Ihnen mit ziemlicher Sicherheit sagen, ob eine Viralkampagne im Internet zünden wird. Und die dritten können gut mit Künstlern im Studio arbeiten. Unser Ziel in der Teamentwicklung ist keine Nivellierung des Know-hows auf Level des kleinsten gemeinsamen Nenners, sondern die Befähigung aller Mitglieder eines gemischten Teams, auf Augenhöhe miteinander zu kommunizieren und das Potenzial der anderen mitdenken zu können. Unser Ziel lautet Wandel durch Erkenntnis. Allerdings braucht diese Wissensdiffusion auch ihre Zeit.

Christoph Vilanek wünscht sich, mehr klassisch geprägte Verkäufer an Bord zu haben: „Die jungen Menschen, die wir anstellen, haben fast alle eine hohe Affinität zu Handys. Das heißt aber nicht, dass sie es auch erklären können, denn der beste Nutzer ist ja meistens nicht der beste Verkäufer." Unabhängig von aller Digitalisierung macht er diese Rechnung auf:

Wir haben ungefähr 1500 Menschen in den Shops stehen. 10 bis 20 Prozent davon sind wirklich pfiffig, ein Drittel ist o.k. und lernfähig, und 50 Prozent werden nie zu leidenschaftlichen Verkäufern werden. Wenn ich einen Wunsch frei hätte, würde ich die 20 Prozent klonen und verfünffachen. Dann könnte ich mich zurücklehnen und sagen, die nächsten Jahre geht es jeweils um 10 Prozent nach oben. Das Wachstumshemmnis hat also nichts mit Digitalisierung zu tun. Das Problem liegt einfach darin, dass wir nicht genügend sehr gute Leute finden, die Ideen bis vor den Kunden transportieren.

Wie Vilanek sieht auch Stefan Oelrich einen Personalmangel, der nichts mit digitaler Entwicklung zu tun hat:

> Wir kriegen keine Chemikanten in ausreichender Anzahl. Die findet man einfach nicht mehr in Deutschland. Es gibt zu wenig Fachkräfte im Chemiebereich. Aber ich habe nicht den Eindruck, dass wir im digitalen Sektor einen Engpass haben. Innerhalb unseres Konzerns gilt Deutschland als absoluter digitaler Vorreiter im gesamten Vertriebsbereich. Dabei spielt es auch keine Rolle, dass die externen Digital-Experten nicht zwingend Ahnung von Pharma haben. Das ist oftmals sogar bereichernd. Die müssen dann erst mal lernen, weil sie sehr schnell merken, wie stark alles reguliert ist.

Michael Kaschke äußert an die Adresse der Hochschulen konkrete Vorstellungen, da er die dortige Praxis nicht unbedingt für zeitgemäß hält. Er bietet seit etwa sechs Jahren in Karlsruhe eine problemorientierte Vorlesung zur Medizintechnik und vor allem zur optischen Medizintechnik an, wo Datenmanagement eine große Rolle spielt. Dabei hat ihn am Anfang eine Orientierungsfrage der Fakultät sehr verwundert. Kaschke: „Man wollte wissen, ob das jetzt Optik oder Elektronik, Medizintechnik oder etwas anderes sei und ob das die Physiker oder die Ingenieure machen sollen. Aber das ist doch eigentlich egal. Wichtig ist doch, dass Studenten kommen, die das Thema interessiert."

Im Hinblick auf seine Belegschaft verhehlt Kaschke nicht, dass man an einigen Stellen noch neue Kompetenz ins Unternehmen holen, neue Mitarbeiter gewinnen und andere auch qualifizieren muss. Dennoch stellt er positiv fest:

> Wir haben über 10 Prozent der Belegschaft, fast 3000 Mitarbeiter, in Forschung und Entwicklung. Davon ist ein Großteil in den letzten zehn Jahren eingestellt worden – teils mit einer relativ hohen digitalen Affinität. Diesem guten Stamm an Digital Natives müssen wir noch mehr Freiraum geben. Das ist eine Frage der Organisation, da lassen sich moderne Formen und Methoden der Zusammenarbeit schaffen. Denn jeder, der in den letzten fünf Jahren von der Hochschule kam, ist ganz anders mit dem Thema aufgewachsen als Berufsanfänger vor 10 oder 15 Jahren. Wichtig ist also, hier aufzumuntern und zu sagen: Denk jetzt mal digital! Fall nicht in das Muster, das du hier vorfindest. Nimm lieber das, was du als Erfahrungswert aus der Hochschule mitgebracht hast, mit ins Unternehmen und ‚think digital‘.

Im Hinblick auf die Nachwuchsausbildung ist nach Überzeugung von Martina Koederitz politische Leadership gefragt:

> Wir haben 30 Jahre Internet und immer noch keinen deutschlandweit verabschiedeten Ausbildungsplan. Die Bildung ist abhängig von den Schulen, von den Kindergärten, vom Elternhaus. Es gibt keine grundsätzliche Planung, wie man junge Menschen an digitale Kompetenzen heranführt. Ich wünsche mir ein gesundes Verständnis für den Umgang mit den neuen Medien und dem Thema Informationsvielfalt. Tatsache ist, dass uns der Föderalismus bei diesen Themen daran hindert, bei der Zielsetzung

schnell und agil zu sein. Irgendwann werden wir an den
Punkt kommen, wo die althergebrachten Strukturen nicht
mehr tragbar sind.

Bei der Integration der jungen Mitarbeiter sieht Jens
Schulte-Bockum das vorhandene Personal stark in der
Pflicht. Denn:

> Neue Talente sind jung und unerfahren und bewegen
> sich häufig zunächst naiv im Unternehmen. Deshalb
> besteht die Herausforderung darin, im eigenen Betrieb
> jene Leute zu identifizieren, die innovatives Verhalten mit-
> tragen. In den meisten Firmen gibt es aufgeschlossene,
> Technologie-affine Manager, die man als Navigator für die
> Neuen einsetzen kann.

Gleichzeitig empfiehlt er, den Mittelbau nicht nur von
den Universitäten zu holen, sondern auch Personal aus
Beratung, Agenturen, dem Eco-System von Spezialdienst-
leistern wie Online-Agenturen oder Analytics Services.
Schulte-Bockum:

> Da holt man auch Leute mit Management-Erfahrung.
> Außerdem unterschätzen viele Führungskräfte die Value
> Proposition eines etabliertes Unternehmens. Mitarbei-
> ter aus Start-ups wollen auch mal Stabilität. Ein großes
> Unternehmen mit Schwungkraft ermöglicht eben auch
> Impact. Das ist für viele Start-up-Leute attraktiv. Diese
> Vision muss man glaubwürdig kommunizieren. Deshalb
> ist es eine CEO-Aufgabe.

Detailfragen – mit und ohne Konsens

Zusammenfassung Während der Interviews mit 31 Top-Managern begegnete den Autoren auch allerhand Interessantes, was sich nicht unter einer einzigen Überschrift zusammenfassen lässt. Um diese spannenden Aussagen dennoch aufzugreifen, sind in diesem Kapitel die individuellen Sichtweisen der CEOs zu unterschiedlichsten Einzelthemen dargestellt. Dies ermöglicht einen weiteren Blick durchs Schlüsselloch. Es werden insbesondere Fragestellungen rund um Datenschutz und dessen rechtliche Regelung, Markenbindung, Disruption und Kulturwandel, Krisenmanagement, Mittelstand, Aufsichtsräte und die Nachwuchsgewinnung diskutiert. Auch die Themen Selbstschutz, Regulierung, Disziplin, Sicherung, Veränderung und Industrie 4.0 finden ihren Raum.

© Springer-Verlag Berlin Heidelberg 2017
M. Klimmer und J. Selonke, *#DigitalLeadership,*
DOI 10.1007/978-3-662-50533-5_6

Es gibt sie nicht, die durchgängig einhellige Meinung der CEOs zu bestimmten Einzelpunkten. Die individuellen Brillen sorgen in der Regel für unterschiedlich eingefärbte Sichtweisen. Es ist müßig, darüber zu diskutieren, ob denn der Einzelne möglicherweise völlig richtig- oder komplett danebenliegt – eine solche Wertung bliebe ebenso subjektiv wie die oft sehr temperamentvoll vorgetragenen Überzeugungen. Gleichwohl erlaubt vielleicht gerade diese Vielschichtigkeit Rückschlüsse darauf, wie komplex die gesamte Thematik gelagert ist. Und ganz objektiv betrachtet, kann die Diversität der Antworten, wie sie im Folgenden unter verschiedenen Schlagworten gebündelt sind, Ansatzpunkte für Diskussionen rund um Detailpunkte liefern.

Datenschutz und seine Vorschriften: Gut, schlecht, unbrauchbar, änderungswürdig?

Kurz und knapp fasst Jens Schulte-Bockum die aktuell bei uns praktizierte Form des Datenschutzes zusammen. Er stellt fest: „Für internetbasierte Modelle langen die klassischen Regulierungsformen nicht. Nötig wäre reaktive Regulierung, statt sämtliche denkbaren Unfälle vorweg zu regulieren."

Alf Henryk Wulf betrachtet den Umgang mit den Daten gleichfalls als wichtiges Feld, steht im Grundsatz auf der Seite von Jens Schulte-Bockum:

Regulatorisch sehe ich die rechtssichere und rechtlich gesicherte Nutzung von Daten als ein grundlegendes Thema. Für viele Modelle sind eine große Menge an Daten notwendig, die man miteinander verknüpfen muss. Es wird sich nicht komplett vermeiden lassen, dass auch personenbezogene Daten da drinstecken, was im Übrigen das ganze Feld Big Data betrifft. Wenn wir diese Modelle erfolgreich weiterentwickeln wollen, ist es wichtig, gesicherte klare Regeln aufzustellen, die man erfüllen kann. Wir dürfen nicht jene laxe Struktur an den Tag legen, wie die Amerikaner das praktizieren. Es muss beispielsweise sichergestellt sein, dass ich für Daten ein ring-fenced Cloud Center habe, das so gesichert ist, dass keine Fremdzugriffe darauf erfolgen können. Das halte ich für wichtig, denn sonst wird die Akzeptanz solcher Modelle zunehmend schwieriger.

Der rechtliche Rahmen für diese Grundvoraussetzung müsse klar sein. Wulf:

Das kann man eigentlich nur politisch regeln und darf es keinem Unternehmen überlassen. Ich hielte es für eine extrem große vertane Chance, wenn man das den Söldnertaktiken eines Uber überlässt, welches sich einfach über alles hinwegsetzt und die es nicht interessiert, was es für Regelungen gibt. Wir müssen die Neuerungen in einem Rahmen ermöglichen, der unserer Philosophie von Datenschutz entspricht. Da nützt es nichts, wenn man sich darum drückt. In der Konsequenz bedeutete dies, dass solche Geschäftsmodelle dann nicht stattfinden – und das wäre bedauerlich.

Im Hinblick auf die Privatsphäre der Menschen sagt Frank Appel:

Datenschutz ist absolut notwendig. Wir dürfen hierbei aber nicht per se von falschen Annahmen ausgehen. Es darf nicht grundsätzlich unterstellt werden, dass ein Unternehmen, wenn es Daten erhebt, diese immer nur zur Leistungskontrolle nutzt. Bei der Weiterentwicklung von Geschäftsmodellen führen enge Sichtweisen oft zu Problemen. Ein konkretes Beispiel: Beim Angebot einer zeitgenauen Zustellung will der Empfänger genau wissen, wann sein Paket kommt. Das können wir nur sicherstellen, wenn wir auch Transparenz darüber haben, ob der Zusteller im Stau steht oder nicht. Wenn wir diese Daten nicht haben, dann können wir keine Vorhersagen treffen. Manche mögen nun vielleicht einwenden, dass die Daten der Mitarbeiter schützenswert sind und nicht zur Leistungskontrolle dienen dürfen. Das will in diesem Fall auch gar keiner. Und genau hierin liegt das Problem. Wir benötigen Daten zur Steuerung von Prozessen; wir könnten sie theoretisch auch zur Leistungskontrolle nutzen, wollen dies aber gar nicht. Wir brauchen mehr Dialog zu diesen Themen, um beides – Schutz der Mitarbeiter und Leistungsfähigkeit betrieblicher Systeme – zu gewährleisten.

Die Bedeutung und Wichtigkeit von cleverer Datennutzung unterstreicht auch Stefan Oelrich. Denn er ist mit der bisherigen Auswertung wenig zufrieden:

Wir sind nicht gut aufgestellt, wenn es darum geht, was wir mit den erfassten Daten machen. Die sind oft da, doch nutzen wir sie ausreichend? Für mich ist in dieser

Hinsicht die klinische Forschung weniger interessant, für mich ist wichtiger, was wir heute unter dem Begriff ‚Real World Evidence' verstehen. Man nimmt also die Daten vieler Patienten in Deutschland und sucht nach Mustern. Das ist problematisch, weil man sie nicht so ohne weiteres durchsuchen darf. Sie müssen anonymisiert sein, pseudonymisiert sein, und selbst dann ist es schwierig. Die Krankenhäuser verfügen über solche Daten und machen damit bedauerlicherweise wenig. Die Amerikaner zum Beispiel machen damit ein Geschäft. US-Krankenkassen verkaufen diese Daten ausgewertet nach verschiedenen Fragestellungen an Industrieunternehmen. Diese wiederum leiten daraus ab, wie ihre Produkte wirken.

Er verweist in diesem Zusammenhang auf weitere wesentliche Unterschiede zwischen den USA und Deutschland:

Wenn in Amerika ein Wissenschaftler eine gute Idee hat, dann wird er das Kapital bekommen, um daraus eine Gründung zu machen, aus der dann etwas herauskommt. Und das Ergebnis verkauft man an die Pharmaindustrie. Bei uns funktioniert das anders. Da hat man eine Idee, dafür kriegt man dann einen steuerlichen Zuschuss, aber dann folgt keine Gründung. Wenn man sich die Patent-Anmeldungen von deutschen im Vergleich zu amerikanischen Universitäten anschaut, erkennt man ein Verhältnis von etwa ein 1:20 zuungunsten von Deutschland. Wenn wir das vorhandene Potenzial nutzen wollen, müssen wir die Stärken unseres Systems nutzen, indem wir zum Beispiel zwischen den Akteuren für eine stärkere Vernetzung sorgen.

Dabei sieht Stefan Oelrich die bestehenden Datenschutz-regelungen als Hemmnis:

> Es ist natürlich auch für die Politik ein wichtiges Problem, wenn wir davon in Europa 27 unterschiedliche haben und innerhalb von Deutschland nochmal 15. Der einzige Markt innerhalb des Binnenmarkts, der kein Binnenmarkt ist, ist der digitale Markt. Daraus einen Weg zu finden ist eine echte Herausforderung: Wie macht man aus diesem Binnenmarkt auch auf dem digitalen Sektor wirklich einen Binnenmarkt?

Seiner Überzeugung nach müsse man die gesamte Problematik in Bezug zu der Herausforderung setzen, die wir als Gesellschaft haben. Oelrich:

> Wir müssen also gesünder werden, müssen aber auch dafür sorgen, dass es bezahlbar bleibt. Der beste Weg dahin ist, dass ich erst mal analysieren kann, was kostet mich eigentlich die Gesundheit. In Deutschland analysieren wir heute bei dieser Frage drei Segmente: den Sektor Krankenhaus, die niedergelassenen Ärzte und den Sektor Arzneimittel und Medizintechnik. Und überall gibt es viele Unterabteilungen. Dann zu sagen, nun sieh mal zu, wo du etwas sparen kannst, ist ein ganz archaischer Ansatz.

Wer in Vernetzung denkt, sehe natürlich, dass alle drei zusammenhängen. Oelrich:

> Und wir haben die Daten dazu und die Möglichkeit, entsprechend der Vernetzung an diesen unterschiedlichen

Silos ganzheitlich zu optimieren. Man kann dann viel besser beurteilen, wie wir Arzneimittel einsetzen oder welche medizinischen Hilfsprodukte eingesetzt werden. Da wird das vermeintlich teure Arzneimittel zur Heilung von Hepatitis-C-Virus zur höchstwirtschaftlichen Alternative, wenn eine solche Präventionsmaßnahme vor einer teuren und gefährlichen Lebertransplantation bewahren hilft. Das alles lässt sich berechnen, wenn wir die Daten zusammenführen. Und dadurch senkt man plötzlich Kosten im Gesundheitswesen. Doch so denken leider nur viel zu wenige.

Die Einschätzung von Frank-Jürgen Weise im Hinblick auf das Thema ist anders gelagert. Er ist überzeugt:

Es ist meistens gar nicht der Datenschutz, der uns hindert. Das ist eine Chimäre. Man kann es immer regeln und mit gutem Fachwissen den Leuten zur Not widersprechen, begründen und erklären. Wir hatten Peter Schaar als Datenschutzbeauftragten des Bundes, und mit ihm haben wir oft gesprochen. Wir haben mit ihm weitreichende Lösungen gefunden. Ich nenne hier beispielhaft das Stichwort elektronische Akte. Ich finde es gut, im Vorfeld zu besprechen, was mitbedacht werden soll, damit es Lösungen gibt, die nachher tragfähig sind. Und da sind wir natürlich loyal im Ordnungsrahmen des Staates. Ich würde dennoch sagen, dass wir Bedarf haben an besseren ordnungspolitischen Regelungen, aber weniger im Thema Digitalisierung allgemein, mehr in der konkreten Arbeit.

Gleichzeitig äußert er einen Wunsch in Richtung auf die Politik. Weise:

In Deutschland ist es immer noch so, dass die Arbeitsmarktprogramme von sehr vielen rechtlichen Voraussetzungen abhängig und sehr differenziert sind. Das ist für uns schlecht. Wir wollen einen Programmmix haben, beispielsweise dreißig Grundprogramme. Das fordern wir mehr ein. Wir wollen den Ermessensspielraum im Rahmen genormter Programme haben, einen Mix in der Betreuung bestimmen können. Doch da tut sich die Politik schwer, denn die ostdeutschen Politiker wollen z. B. etwas für Ostdeutschland machen, die Frauen etwas für Frauen. Die Zielgruppenorientierung führt zu vielen Vorgaben, die dann den Menschen, die wir mit unserer Förderung in Ausbildung und Arbeit integrieren wollen, nicht gerecht werden. Das ist unser ordnungspolitisches Problem.

Überholt ist nach Frank Karsten in unserer heutigen Zeit der § 203 StGB. Karsten erläutert an diesem Beispiel die Problematik des Datenschutzes:

Diese Vorschrift halte ich für einen Unglücksfall der Gesetzgebungsgeschichte. Er führt dazu, dass Versicherungen, die mit Lebens-, Unfall- oder Krankenversicherungen handeln, mit einem Bein im Gefängnis stehen. Denn dieser Paragraf schreibt uns vor, dass wir verhindern müssen, dass allein die Existenz einer Lebensversicherung einem Dritten bekannt wird. Wenn ich sage ‚Herr X ist bei uns versichert‘, könnte man mich vor das Strafgericht stellen, weil das ein Verstoß wäre.

Die gesetzlich vorgeschriebene praktische Abwicklung sei mit der heutigen Praxis kaum noch kompatibel. Karsten:

Der Kunde schreibt mir seine Anfrage per E-Mail, und ich antworte ihm per Brief. Und eigentlich müsste ich schreiben, dass ich ihm gar nicht auf E-Mails antworten darf, denn sonst stehe ich mit einem Bein im Gefängnis. Eigentlich müssten wir sogar schreiben, dass die Anfrage bitte per Brief gestellt werden muss, was wir teilweise in der Vergangenheit auch gemacht haben. Wenn der Kunde mich informiert, dass ihm diese Vorschrift egal ist und wir per E-Mail kommunizieren können, würde ich das tun. Ich weiß jedoch, dass es Landesdatenschützer in Deutschland gibt, die da eine abweichende Meinung vertreten. Im Grunde ist das Paternalismus. In Dänemark läuft der gesamte Schriftverkehr zwischen Endkunden und Krankenversicherern über normale E-Mail-Kommunikation. Und da stört sich keiner dran.

Frank Karsten kritisiert in diesem Zusammenhang den Gesetzgeber:

De facto sind alle Versuche der öffentlichen Hand, hier mehr Klarheit zu schaffen, grandios gescheitert. Das De-Mail-Thema ist so tot, wie nur irgendwas tot sein kann, trotz riesiger Investitionen. Und die Geschichte des ePA, des elektronischen Personalausweises, darüber könnte man ein Schwarzbuch schreiben. Als das Ding fertig war, schaffte die Bundesdruckerei es über Monate nicht, die Verifizierung der Identifikation vorzunehmen. Dann ist man bei der Einführung auch noch auf die geniale Idee gekommen, den Personalausweis mit Verschlüsselung teurer zu machen als den anderen, was natürlich bei einer ‚Geiz ist geil'-Bevölkerung auf Missfallen stieß. Wenn man es will, dann kann man doch nicht so blöd sein und dafür

Geld erheben wollen, sondern dann muss man losgehen und sagen: Das ist for free!

Auch für Stefan Oelrich ist der bei uns gelebte Datenschutz ein Hemmnis. Er stellt fest:

Ich halte es für einen Widerspruch, dass sich wirklich jeder auf Facebook komplett entblättert, man aber keine Datenanalyse fahren kann, ohne vom Datenschutzbeauftragten in der Firma sofort darauf hingewiesen zu werden, dass man das nicht darf. Es bereitet unglaubliche Umstände, an Informationen heranzukommen. Zum Beispiel die Compliance-Schulung: Alle meine Mitarbeiter müssen zwingend ein bestimmtes Training einmal im Jahr absolvieren. Dann kriege ich als Information zurück, 65 Prozent der Mitarbeiter haben teilgenommen. Die anderen 35 Prozent erneut anschreiben ist nicht möglich, weil man nicht weiß, wer sie sind. Denn diese Analysen dürfen weder abgefragt noch elektronisch nachgehalten werden.

Seiner Vorstellung nach müsste man erst mal innerhalb von Deutschland den Datenbinnenmarkt hinbekommen. Oelrich: „Wir müssen europäisch denken, was das anbetrifft. Dann können wir innerhalb eines solchen Marktes auch die deutsche Datenqualität viel besser nutzen. Die Politik ist bei diesem komplizierten Thema gefordert."

Die Frage des Zugriffs auf vorhandene Daten und ihre Nutzung im medizinischen Bereich ist für Eckhard Nagel eines der entscheidenden, gleichwohl bis heute ungelösten Probleme:

Die Gesundheitskarte ist ein klassisches Beispiel. Es ist nicht zu verstehen, warum eine so intensive Planungszeit und der Aufwand von vielen Millionen Euro das letzte Jahrzehnt geprägt haben und dennoch die Einführung nicht realisiert werden konnte. Dabei versuchen alle Leistungsbereiche in der Medizin, die elektronische Patientenakte und weiterführende individuelle Dokumentationen zur Verbesserung der Versorgung einzuführen. Die aktuellen Praxisversuche konzentrieren sich leider immer noch auf einen sogenannten Stammdatensatz, also auf ein Minimum des Möglichen. Dabei könnte man natürlich die gesamte Patienten-Historie, alle verordneten Medikamente, mögliche Arzneimittelnebenwirkungen und diagnostische Befunde auf der Karte speichern. Das macht aber bisher keiner. Für den Außenstehenden bleibt dabei unklar, warum der Prozess so lange dauert: Ist es der Datenschutz und die Sorge um einen möglichen Missbrauch, sind es die Anbieter, die sich gegenseitig blockieren, oder sind es die Institutionen und die niedergelassenen Ärzte, die Transparenz fürchten? Die allgemeine Diskussion um Datensicherheit und den sogenannten gläsernen Patienten kommt als Schwierigkeit hinzu. Alles zusammen führt dazu, dass ein solches wichtiges Projekt, das in Österreich in vielen Bereichen längst umgesetzt ist, bei uns immer noch nur sehr langsam voranschreitet.

Eine besondere Hürde bildet laut Nagel der Datenschutz:

Mediziner waren von Anfang an skeptisch, ob eine elektronische Gesundheitskarte nicht gefährliche Transparenz erzeugt, gefährlich vor allem für den Versicherten bzw. den Patienten. Das Stichwort gläserner Patient charakterisiert diese intellektuelle Opposition. Gleichzeitig verband sich damit die Sorge, dass gerade gegenüber Versicherungen eine solche Transparenz auch für die Leistungserbringer mit Nachteilen verbunden sein könnte – zum Beispiel durch Infragestellungen von erbrachten Leistungen. Und dennoch spürt fast jeder die Vorurteile einer elektronischen Dokumentation nicht nur deshalb, weil die klassischen raumgreifenden Aktenschränke gefüllt mit Patientenkarteikarten der Vergangenheit angehören. Dieses Vorurteil wird als nicht so bedeutend angesehen und setzt natürlich auch voraus, dass jahrzehntelang eingeübte Dokumentationsstrategien verlassen werden müssen. Nachvollziehbarerweise ist dies auch eine Generationsfrage. Gerade bei den älteren Kolleginnen und Kollegen hört man nicht selten, dass die Schnittstellenproblematik in ihren Praxen weit weniger bedeutsam sei als die Sicherheit aus dem Festhalten an gewohnten, eingeübten Abläufen.

Herbe Kritik äußert Eckhard Nagel generell an dem langen Zeitraum und der Struktur zur Einführung der elektronischen Gesundheitskarte:

Immer wieder höre ich von Kollegen, wie viele Millionen Euro schon verbrannt wurden, um die elektronische Gesundheitskarte in Deutschland einzuführen. Die Quintessenz bei vielen ist also: reine Geldverschwendung! So wird aus den Verheißungen der modernen Informationstechnologie im Gesundheitswesen keine Erfolgs-, sondern eine Geschichte der Desillusionierung. Und es ist die Erwartungshaltung entstanden, dass Investitionen – gerade auch im ambulanten Sektor – dann doch bitte auch sozialisiert werden sollten und nicht zur Belastung der einzelnen Arztpraxis führen dürfen: Wenn ihr mir etwas Neues vorschreiben wollt, dann müsst ihr das auch bezahlen …

Im Rückblick konstatiert Eckhard Nagel:

Die Digitalisierung, die Informationstechnologie im Krankenhaus begleiten mich jetzt seit 30 Jahren. Begonnen hat das mal mit vorsichtigen Ansätzen im Laborbereich. In der Röntgendiagnostik oder in der Strahlentherapie hat man bald gesehen, dass man die Befunde leichter und sicherer weitergibt und sich daraus Vorteile ergeben. So gesehen ist die Entwicklung rasant: Wenn ich mir die Entwicklungsschritte meiner eigenen Zeit ansehe – 1988 habe ich in der Klinik angefangen –, war bereits die Rohrpost ein wahrnehmbarer Fortschritt, weil man nicht mehr alles mit irgendwelchen Wagen durch die Gegend fahren musste. Und heute geht man davon aus, dass sämtliche Patientendaten, die technologisch gespeichert und zugeordnet werden können, sicher, irrtumsfrei und auch über eine längere Distanz zugänglich zu machen sind. Das ist eine Revolution – im Arbeitsalltag für alle Berufsgruppen.

Gleichzeitig stellt er jedoch fest, dass sowohl bei Patienten als auch bei Mitarbeitern ein generelles Misstrauen gegenüber digital gespeicherten und zur Verfügung gestellten Daten besteht:

Häufig hat man das Gefühl, sich bei einer digitalen Akte irgendwie besonders absichern zu müssen. Dabei war die Wahrscheinlichkeit eines Fehlers früher viel höher, z. B. dass Patientenunterlagen falsch zugeordnet wurden.

Dennoch spielt die sogenannte ‚haptische Sicherheit‘ aus meiner Sicht eine besondere psychologische Rolle: Etwas, das man schwarz auf weiß in der Hand hält, z. B. den Ausdruck eines Röntgenbildes, macht es leichter, sich mit den Inhalten zu identifizieren, gerade wenn es problematische Befunde sind. Nichtsdestotrotz wird die digitale Revolution die Zukunft des Krankenhauses bestimmen.

Markentugend, Markenbindung, Disruption und Kulturwandel

Auch wenn die Digitalisierungswelle weltweit über alle Ufer schwappt, ist Gabor Steingart dennoch überzeugt:

Die Tugenden einer Marke leben auch im Internet-Zeitalter weiter. Sie müssen nur neu interpretiert werden. Das Informieren und Inspirieren, das Bewerten, Widersprechen und Neu-Bewerten funktioniert auch digital. Und erst recht funktioniert es live. Alle, die von Medienkrise sprechen, meinen in Wahrheit immer nur das Papier. Aber das hat nichts mit der Marke zu tun und schon gar nichts mit dem Journalismus. Krise ist für viele nur eine Ausrede, weil sie sich den Veränderungsprozessen der Gesellschaft und damit auch der Mediennutzer nicht aussetzen wollen.

In der aktuellen Entwicklung sieht er einen permanenten Prozess, der einen speziellen Umgang erfordert: „Wir brauchen eine Management-Kultur, die die digitale Transformation nicht als Katastrophe, sondern als Chance

begreift. Darüber hinaus brauchen wir viele lernwillige Menschen, da die neuen Techniken praktisch jeden
Arbeitsbereich durchdringen."

Solche grundsätzlichen Gedanken hat er zu Beginn seiner Geschäftsführertätigkeit im Rahmen einer ausführli-
chen Strategie-Diskussion erörtert. Steingart: „Das gipfelte
in einem neuen Medienbegriff für unser Haus, der uns
freier macht und der da lautet: Wir sind keine Unterab-
teilung der Holzindustrie, sondern eine Gemeinschaft
zur Verbreitung des wirtschaftlichen Sachverstandes. Die
Amerikaner würden das Mission Statement nennen. Wir
glauben einfach, dass es der Welt besser ginge, wenn es
mehr ökonomischen Sachverstand gäbe."

Die Bedeutung eines gewachsenen Markenversprechens
auch in der digitalen Zeit unterstreicht Lutz Marmor
ebenfalls:

Wenn man Menschen fragt, woraus sie ihre Informationen beziehen, dann ist die Tagesschau immer die Num-
mer eins. Schon bei den 14- bis 29-Jährigen hat sie einen
Marktanteil, der deutlich über unserem Sendeschnitt liegt,
das nehmen viele gar nicht wahr. Auch die Jüngeren nutzen die Tagesschau sehr intensiv. Da sehen wir nach wie
vor den Kern unseres Auftrags. Was wir berichten, muss
interessenfrei sein, unabhängig, muss stimmen, und die
Menschen müssen sich auf dieses Markenversprechen verlassen können. Die Tagesschau hat nicht gemeldet, dass
Frau Merkel einen Kollaps hatte, das haben wir den anderen überlassen, denn es war ein Stuhl, der zusammenge-
kracht ist. Das ist nur ein Beispiel: ‚Be first, but first be
sure.‘ Dazu braucht man Nerven, aber das muss man
aushalten. Dieses Markenversprechen, dass man sich auf

unsere Informationen verlassen kann, ist heute wichtiger denn je. Unser eigentliches Betätigungsfeld liegt darin, seriöse Nachrichten zu senden.

Gleichzeitig warnt er vor einer Überregulierung: „Da müssen wir aufpassen, denn der Trend geht dahin, dass wir noch weiter reguliert werden, während anderen die Regulierung erlassen wird. Dagegen müssen wir kämpfen. Genauso müssen wir darauf achten, dass die Kraft nicht vom eigentlichen Betätigungsfeld abgezogen wird."

Markenbindung, Markentugend – wer nicht aufpasst, für den kann sehr schnell die Luft extrem dünn werden. Auf der Basis von Erkenntnissen, die durch viele Kundenkontakte gewonnen wurden, sagt Karl-Heinz Streibich: „Je größer und etablierter ein Unternehmen ist, desto schwieriger ist es auch, agil auf neue Herausforderungen zu reagieren. Beispiele hierfür gibt es genug: die ehemaligen Marktführer im Mobilfunkbereich, Nokia oder BlackBerry – oder der ehemals führende Fotoausrüster Kodak. Die Automobilbranche rund um das autonome Fahren und die Finanzindustrie mit all den neuen FinTechs werden sicherlich die Nächsten sein, die im Zentrum des digitalen Wandels stehen."

An den ersten großen Opfern wie Nokia habe man auch gesehen, wie schnell der Niedergang vor sich gehen kann. Streibich:

Früher hat man bei Nokia immer geglaubt, dass ein Handy lediglich ein Stück Hardware sei. Die Miniaturisierung des Produkts war das Kernstück der Innovationen – bis Apple kam. Apple als Neuling in der

Mobilfunkbranche hat bewiesen, dass es in Wahrheit um die mobile Interaktion der Anwender geht – also um Software. Telefonieren ist lediglich nur eine von vielen Eigenschaften, die ein solches Gerät hat. Der Durchbruch digitaler Disruptoren ist auch ein Beispiel dafür, dass man erkennt, was der Kunde wirklich braucht und will.

Er selbst sieht sich als CEO eines Software-Hauses, das den digitalen Wandel technologisch treibt, in einer anderen Gruppe von Verantwortlichen als diejenigen, die in der Anwender-Industrie sind und die Entwicklung von außen als Technologie erleben. Auf Basis der Erkenntnisse durch den täglichen Kundenkontakt sagt er: „Grundsätzlich kommt die digitale Disruption so schnell, dass viele Firmen einfach schlecht vorbereitet sind."

Das Stichwort Disruption greift Martina Koederitz auf und erwähnt in diesem Zusammenhang mit besorgtem Respekt Start-ups:

Wer mir schlaflose Nächte bereitet, weil es die Disruption meiner Industrie bedeuten könnte? Ich mache mir Sorgen darüber, weil ich eben nicht weiß, wer es ist. Es gibt Hunderte und Tausende von Start-ups, die ich gar nicht sehen kann und die auch meine Mitarbeiter im täglichen Kundenkontakt nicht sehen. Es ist die Vielfalt von neuen Anbietern, die gestern noch nicht da waren, heute da sind und morgen das erste Geschäft machen. Das macht mich unruhig. Es gibt in der Start-up-Szene und unter den Newcomern viele Unternehmen, die bei großen Organisationen in der Marktbeobachtung unterhalb des Radars fliegen.

Um den skizzierten Gefahren zu entgehen, ist für Timotheus Höttges der Kulturwandel innerhalb jedes einzelnen Unternehmens bei fortschreitender Digitalisierung ein sine qua non:

> Wir stehen mitten in diesem gewaltigen Umbruch, dessen Dimension und Dynamik wir noch gar nicht absehen können. So wird erwartet, dass es bis 2020 rund 50 Milliarden. vernetzte Geräte geben wird – und dass schon in wenigen Jahren der Großteil des Internetverkehrs gar nicht mehr von der Kommunikation zwischen Menschen ausgeht, sondern von der Kommunikation zwischen Maschinen. Das alles geht natürlich nur mit einem unternehmensinternen Kulturwandel, den man schlecht von oben verordnen kann – dafür braucht man Geduld und einen langen Atem. Wir wollen ja nicht die Mitarbeiter abhängen, sondern mitnehmen.

Grundsätzlich ist er überzeugt: „Das Thema Digitalisierung muss von den Unternehmen ganzheitlich angegangen werden. Das geht weit über neue Geschäftsmodelle hinaus. Die Chancen durch die Digitalisierung sind riesig. Wir sollten versuchen, so viel wie möglich an der Zukunft mitzugestalten. Digitalisierung schafft die reale Welt nicht ab, sie ordnet den Umgang mit ihr neu."

Auch Christoph Straub hebt auf das Stichwort „Kultur" ab: „Wenn ein Unternehmen sich erfolgreich auf die digitalisierte Welt einstellt, dann gerade deshalb, weil es nicht nur eine oberflächliche Idee wie ein neues Feature für den Kunden ist. Stattdessen muss das gesamte Unternehmen, die Kultur, davon erfasst werden. Ich frage mich, ob die Digitalisierung in erster Linie ein Treiber für die interne

Restrukturierung ist. Oder dient sie in erster Linie der Kunden-Kommunikation?"

Dabei sieht er die Veränderungen im Hinblick auf Digitalisierung nicht als revolutionären Auslöser: „Für einen Automobil-Zulieferer beispielsweise ist der Wandel deutlich dramatischer. Die hatten in der Vergangenheit vor allem Ingenieure und Maschinenbauer. Die haben die benötigten Geräte entwickelt. Die neue digitale Welt ist durch die Miniaturisierung eine richtige Revolution."

Ohne das Nachdenken über eine neue Kultur wird man nicht erfolgreich sein können – davon ist Michael Vassiliadis ebenfalls überzeugt. Wer Kreativität, Gemeinschaft und Solidarität haben wolle, könne das zum Teil in Blogs machen oder bei Facebook. Vassiliadis:

> Wer jedoch ernsthaft die Vielfalt der sich heute bietenden Optionen nutzen will, sollte eine Skala der Ernsthaftigkeit bedenken: Wenn man eine E-Mail schreibt, erhält man eine Antwort. Doch wer einen handgeschriebenen Brief bekommt, weiß, dass irgendetwas Besonderes sein muss. So habe ich das sehr bewusst in der Kommunikation nach innen eingeführt. Das klingt ein bisschen profan, ist aber in einer politischen Organisation, wo es um freiwillige Mitwirkung geht, um Wertschätzung oder um Anerkennung, von großer Bedeutung. Es ist letztlich eine Frage der Kultur innerhalb des Unternehmens. Ich versuche also immer, für meinen Laden den Punkt herauszufinden, an dem sich sozusagen Plus und Minus treffen. Ich glaube, das wäre manchmal für das eine oder andere Unternehmen auch eine sinnvolle Überlegung. Man darf durch die Möglichkeiten der Digitalisierung nicht den anderen Teil verlieren.

In diesem Zusammenhang setzt er auch auf klassische Methoden im Umgang mit jungen Kollegen. Vassiliadis:

> Tendenziell sagt man, dass die schwerer erreichbar sind. Wir können das eigentlich nicht bestätigen. Ein Gemeinschaftsgefühl, egal wie es entsteht, führt dazu, dass es analog bleibt. Das ist meine These. Nun organisieren wir das auch. Wir haben eine eigene gGmbH, die sich nur darum kümmert. Die sind fokussiert darauf, interessante Angebote für die Jugend zu machen. Es muss schon geguckt werden, wie die drauf sind – aber alles ist relativ analog. Man muss nicht irgendwelche Word-Spinnereien machen. Natürlich fordern die uns auch in Sachen digitale Angebote. Aber am Ende des Tages ist die direkte Kommunikation der Point of Sale. Natürlich haben wir auch Eintritte über das Internet, etwa 3000 pro Jahr. Das sind eher Leute, die Mitglied werden wollen, sich aber nicht gegenüber dem betrieblichen Vertreter committen wollen. Vielleicht soll das nicht bekannt werden – so was gibt es auch. Das ist aber eher speziell.

Gemeisterte Krisen, geplagter Mittelstand, betagte Aufsichtsräte, ahnungsloser Nachwuchs

Eine spezielle Motivationsmöglichkeit setzt Michael Kaschke gelegentlich ein:

> In Dialogrunden mit den Mitarbeitern möchte ich gern aktivieren und nutze dazu einen Kontext. Ich verweise

oftmals auf die Kamerakrise 1974. Sie hat das Unternehmen damals fast in eine extrem kritische Phase gebracht. Insofern hat ZEISS einen eigenen Erfahrungswert in der Geschichte. Damals war man bei uns der festen Überzeugung, dass eine Kamera aus einer guten Optik und einem schnellen Shutter besteht. Dann kamen die Japaner und haben die Kameras mit Elektronik versehen. Das hat die gesamte Kameraindustrie komplett geändert, und viele Hersteller sind von der Bildfläche verschwunden. Die Optik ist erhalten geblieben, wir machen nach wie vor Objektive, aber die Kameras selbst sind mehr oder weniger alle nach Asien gegangen.

Im Prinzip hätten wir heute ein ähnliches Thema. Kaschke: „Natürlich haben wir die weltbesten Medizingeräte, mit einem hohen Maß an Elektronik. Aber jetzt geht es um entscheidende Themen wie Vernetzung oder Datenmanagement. Insofern kann ZEISS aus der eigenen Geschichte Lehren ziehen."

Um vor diesem Hintergrund fitter und besser gerüstet für die Aufgaben der Zukunft zu sein, plädiert Michael Kaschke dafür, den deutschen Mittelstand stärker in die Hochschulausbildung einzubinden. Kaschke, der auch Hochschulratsvorsitzender in Aalen ist: „Wir bieten jetzt einen neuen und interdisziplinären Studiengang ,Internet der Dinge' an – in Kooperation mit der Hochschule für Gestaltung Schwäbisch Gmünd. Das ist hochinteressant für Elektrotechniker, Designer, Informatiker und sogar Maschinenbauer."

Neue Methoden und Möglichkeiten für das Fitmachen der jungen Menschen hält auch Christoph Vilanek für dringend erforderlich. Ansonsten sieht er am Horizont schweres Wetter für den deutschen Nachwuchs heraufziehen: „Indien bildet jährlich über 100.000 IT-Spezialisten aus. In Tel Aviv entstehen jährlich Hunderte Start-ups, gegründet von IT-Nerds, die in der Armee ausgebildet wurden und von staatlicher Finanzierung unterstützt werden. Hier findet ein Wettbewerb der Nationen statt, und wir müssen vermutlich damit leben, dass unser Ausbildungs- und Fördersystem hier über Jahrzehnte im Vergleich versagt hat."

Als Beispiel dient ihm Israel:

> Alle Sechzehnjährigen müssen dort umfassende Tests absolvieren, bei denen nicht nur Intelligenz, sondern auch Fähigkeiten wie Empathie gemessen werden. Die Top-Performer bekommen das Angebot, bei der Armee eine hochkarätige Ausbildung zu durchlaufen. Wenn sie danach in das zivile Leben wechseln, sind sie zum Beispiel absolute Spezialisten im Bereich Sicherheitstechnologie. Anschließend fördert der Staat Israel unternehmerische Initiative mit relevanten Beträgen, die nur bei Erfolg über Lizenzmodelle zurückbezahlt werden müssen.

Nach Überzeugung von Christoph Vilanek werde so ein Elitesystem entwickelt und gleichzeitig bei den Leuten auch eine gewisse Dankbarkeit gegenüber der Gesellschaft ausgelöst:

> Das ist bei uns in Mitteleuropa gänzlich anders. Es beginnt mit föderalistischen Strukturen, der Diskussion über staatliche Förderung von Start-ups, der unsäglichen

Debatte rund um den Datenschutz, und letztendlich mündet alles in einem gewissen Neid gegenüber dem erfolgreichen Unternehmer. Ich wundere mich zum Beispiel über die Aufregung um Google Street View – wir freuen uns darüber, dass Google superpräzise Verkehrsdaten produziert und uns dabei quasi permanent beobachtet, aber wir wollen, dass man unser Haus nicht sehen kann. Parallel stellen dieselben Leute bei Facebook zur Schau, dass und wie lange sie wo auf Urlaub sind.

Im Rahmen eines großen Gesamtblicks hat auch Rada Rodriguez Bedenken, wieweit der Mittelstand aktuell in der Lage ist, sich auf die neue Situation einzustellen. Die dabei existierenden Probleme hängen nach ihrer Überzeugung eng mit der Thematik Investitionen zusammen:

> Dass wir uns noch schwertun mit der Digitalisierung und dass wir in vielen Dingen bei E-Commerce bleiben, liegt an den Investitionen. Denn die sind bei allem sehr hoch, was richtig mit Digitalisierung verbunden ist. Viele Mittelständler werden hier Schwierigkeiten haben. Sie können diesen Weg einfach nicht mitgehen. Notwendig sind Investitionen in Prozesse, in Tools, für digitale Infrastrukturen wie die Geschwindigkeit der Datenverarbeitung und des Datentransfers.

Gleichzeitig fragt sie sich, wieweit einzelne Mittelständler sich überhaupt ihrer Lage bewusst sind. Rodriguez:

> Von den meisten glaube ich es ganz ehrlich nicht. Die meisten denken, Digitalisierung ist E-Commerce. Wenn sie auf der Hannover-Messe waren, kennen sie den Begriff

Industrie 4.0. Aber was das genau ist, verstehen sie auch nicht. Ist das nur Robotik? Dann sagen sie, das habe ich schon. Ich glaube also nicht, dass es ihnen richtig bewusst ist, was das bedeutet. Vor allem, wenn sie viel in die Zukunft investieren müssten, darauf sind die gar nicht vorbereitet. Nach meiner Einschätzung sehen viele nur die erste Ebene der Digitalisierung, aber nicht, dass dies ein Prozess ist, durch den das ganze Unternehmen verändert wird.

Dabei sieht sie grundsätzlich Digitalisierung als eine Chance für Industrie und Finanzen in Deutschland:

Wir sind nach wie vor Technologie-Leader in sehr vielen Bereichen. Um das zu bleiben, müssen wir natürlich unsere Kosten optimieren. Wir werden digitalisieren und dadurch auch die Personalkosten runterziehen. Dazu kommt ein Aspekt, den ich sehr wichtig finde: Sicherheit. Man spricht über Sicherheit made in Germany genau wie über das Produkt made in Germany. Damit ist Produktsicherheit und Datensicherheit gemeint. Das wächst immer mehr zusammen. Deshalb sehe ich unverändert eine Chance für die deutsche Industrie. Letztlich bin ich absolut überzeugt davon, dass bei einer Wettbewerbssituation jenes Unternehmen gewinnen wird, das den Kunden Innovation, Qualität und Sicherheit geben kann.

Mittelstand oder Großbetrieb? Erich Sixt formuliert hier seine ganz eigene Positionierung:

Wir sind ein Schnellboot. Von der Größenordnung zwar jetzt nicht mehr Mittelständler, sondern eher ein

Großbetrieb. Aber von unserer Kultur her sind wir weiterhin Mittelständler. Viele unserer Mitarbeiter könnten genauso gut in einem Start-up arbeiten. Wir mögen keine Bürokratie. Lange Handlungsanweisungen sind bei uns verpönt. Wenn wir arbeiten würden wie normale IT-Abteilungen, könnten wir im Internet nichts bewegen. Das würde nicht funktionieren.

In der Praxis lässt er diese Erkenntnis so umsetzen:

Es gibt Back-End-Entwickler, die in Ruhe vor sich hinarbeiten müssen. Da haben wir ein Team von besessenen Leuten, die mit Rapid Development Methoden wie Scrum entwickeln. Welche Methode sie da nehmen, ist egal. Hauptsache, es ist schnell, beweglich und immer in enger Zusammenarbeit mit der Fachabteilung. Fachabteilung und IT müssen ineinander übergehen. Zudem haben wir eine kleine Innovationseinheit, wo die Mitarbeiter allein damit beschäftigt sind, darüber nachzudenken, wie die Mobilität der Zukunft aussehen könnte, um die Autovermietung 2.0 zu schaffen. Denn alles ist im Wandel, Dinge schreiten voran.

Im Hinblick auf Mitarbeiterbeteiligungen und Gewerkschaften meint Sixt: „Auch die haben eine Verantwortung, wenn es um die Digitalisierung geht. Das bedeutet, dass die Einführung von technologischen Neuerungen nicht leichtfertig oder über Gebühr blockiert werden darf. Gleichzeitig glaube ich, dass einige Gewerkschaften inzwischen auch angefangen haben, sehr innovativ über Digitalisierung nachzudenken."

So wie Erich Sixt nachdenklich auf Betriebsräte und ihre Arbeit blickt, so sieht Frank Riemensperger verhalten positiv auf die Aufsichtsräte. Im Hinblick auf ihre Besetzung riskiert er einen Blick über unsere Landesgrenzen:

> In meinem eigenen Geschäftsbereich sehe ich den direkten Ländervergleich mit der Schweiz. Die sind uns bestimmt zwei Jahre voraus, mindestens. Da werden Vorstandsposten anders besetzt, sodass die Durchdringung der Vorstände mit digitalaffinen CEOs in einer anderen Geschwindigkeit funktioniert. Bei den Vorständen in Deutschland ist der Weckruf angekommen. Die Leute haben verstanden. Aber um auch die Geschäftsrichtung zu ändern, ist ein Zusammenspiel zwischen Aufsichtsrat und Vorstand nötig, und da haben wir noch zu wenig Fahrt aufgenommen.

Nach seiner Überzeugung sind die Vorstände in der Schweiz deutlich digitalaffiner. Riemensperger:

> Weil sie deutlich angelsächsischer besetzt sind und auch die Aufsichtsräte eine aktive Position haben und darauf achten, dass digitale Kompetenz in die Vorstände einzieht. Wir haben im Vergleich eine deutlich fortgeschrittenere Diskussion in der Schweiz mit den vielen globalen Headquartern. Das kommt daher, dass die Besetzung internationaler ist. Da sind Leute reingeholt worden, die aus den digitalen Hochburgen der Welt kommen. Die Sprache ist eher Englisch. Und das sehe ich in Deutschland nicht im gleichen Umfang.

Selbstschutz, Regulierung, Disziplin und eine Konstante

Über Fluch und Segen der digitalen Möglichkeiten im Hinblick auf die eigene Nutzung reflektiert Frank Appel:

> Nach der Informationsflut die Woche über habe ich mich früher grundsätzlich sehr am Wochenende zurückgenommen, was Fernsehen oder Zeitungen angeht. Wenn man heute sein iPad aufmacht, braucht es schon wesentlich mehr Selbstdisziplin. Der Gang zum Kiosk ist leichter zu vermeiden. Das Thema hat für mich zwei Seiten. Auf der einen Seite ist es wichtig, einfach mal abzuschalten und nicht permanent Informationen aufzunehmen. Auf der anderen Seite bieten digitale Medien fantastische neue Möglichkeiten. Ein Flug in die USA etwa ist ein idealer Bürotag, an dem man sechs oder sieben Stunden ungestört arbeiten kann. Wenn man alle benötigten Informationen in elektronischer Form dabei hat, kann man sich wirklich einmal konzentriert um ein bestimmtes Thema kümmern. So wichtig mir der Austausch im Büroalltag auch ist, so sehr genieße ich auf der anderen Seite auch diese Stunden fokussierter Arbeit ohne Unterbrechung.

Wir alle müssen noch besser lernen, mit der Veränderung der Technologie umzugehen. Der Übergang sei so rasant, dass nicht in gleichem Tempo alles für den Gebrauch geregelt werden könne. Appel:

> Wenn man sich heute eine Apple Watch kauft, dann ist schon gravierend, welche Daten da gesammelt und

verarbeitet werden. Nichtsdestotrotz macht es das Leben in vielen Punkten für den Nutzer angenehmer, sonst würde er sie nicht kaufen. Ich persönlich sehe eher in den Bereichen Regulierungsbedarf, in denen es keinen erkennbaren Kundennutzen gibt. In dem Moment, in dem der Konsument einen echten Nutzen empfindet, ist für ihn zumindest ein Mehrwert gegeben.

Im Hinblick auf eine mögliche Regulatorik plädiert Appel dafür, eine Wahlfreiheit zu schaffen:

> Ich halte nichts von einer Bevormundung des Konsumenten. Es kann nicht darum gehen, ihm immer wieder zu sagen, dass er etwas nicht tun darf, weil es für ihn schädlich ist. Das muss jeder schon selbst entscheiden. Man muss den Menschen Wahlmöglichkeiten einräumen. Dann kann er aktiv entscheiden. Wenn jemand nicht will, dass ihm ein Onlineportal anzeigt, was andere Kunden sich angesehen haben, dann sollte er diese Information per Mausklick einfach ausschalten können.

Regulierung und Regulatoren gehören auch für Pascal Laugel zum Alltagsgeschäft. Seine Überzeugung: „Die Regulierung ist eine große Herausforderung mit Auswirkungen auf nahezu alle Bereiche in der Bank. Und die Zahl der Regularien ist in den vergangenen Jahren stetig gestiegen. Die FinTechs sind bislang davon weitgehend verschont geblieben. Doch ich bin mir sicher, dass sich das künftig ändern wird. Erste Anzeichen sind sichtbar. Nicht umsonst ist das Thema Kooperation mit Banken ganz oben auf der Agenda."

Durch neue regulatorische Vorschriften sei für Start-ups der Erhalt einer Banklizenz heute schwerer denn je. Laugel: „Die kleinen Unternehmen können zumeist gar nicht das Kapital beibringen, das als Rücklage gefordert wird. Auf der anderen Seite dienen diese Vorschriften natürlich auch der Sicherheit der Kunden. Die neuen regulatorischen Anforderungen sind insoweit nicht nur ein Schutz für Kunden, sondern in gewisser Weise auch ein Schutz für bestehende Banken."

Eine radikale Lösung für sich selbst hat Johann Bizer gefunden:

Ich löse manche Kommunikationsprobleme durch konsequente Verweigerungshaltung. Ich bin zwar auf Facebook, ich nutze es aber nicht. Ich habe mich zum Glück auch nicht auf Xing eingelassen. Nicht auf jeder Sau, die durchs Dorf getrieben wird, muss ich sitzen – wenn es denn um dieses Kommunikationsmodell geht. Und dann klappt das auch mit dem Zeitmanagement.

Gleichwohl erkennt und nutzt er die vielfältigen Möglichkeiten der Kombination moderner Kommunikation: „Telefonkonferenzen, sich parallel eine PowerPoint-Präsentation oder ein anderes Dokument schicken, in der Videokonferenz jemanden per Telefon dazuholen, weil der gerade im Auto ist, aber man ihn jetzt braucht – das ist total gut. Und ich finde auch prima, wie die Leute damit mittlerweile umgehen. Ich habe am Anfang Situationen erlebt, da war der virtuelle Saal voll, weil alle dabei sein mussten. Mittlerweile takten sich alle deutlich konsequenter."

Am besten sei aber unverändert der offene und direkte Austausch. Bizer:

> Wenn du die Wahrheit in unterschiedlichen Papieren finden willst, holst du die Teilautoren der Papiere an einen Tisch. Die müssen alle nur ihren gesunden Menschenverstand und die eigene Erfahrung mitbringen und so reden, wie ihnen der Schnabel gewachsen ist. Im gemeinsamen Dialog kommt schon raus, was dahintersteckt. Im besten Fall merken die Mitarbeiter, dass sie ihre Positionen nicht rüberbringen, und sind enttäuscht. Aber das ist auch eine Ermutigung, die sie dann mitnehmen, um es beim nächsten Mal besser zu machen.

Zusätzlich hat er für sich die Kantine als Kontaktmöglichkeit entdeckt:

> Da setzt man sich zusammen und erzählt sich etwas. Und wenn ich in der Schlange stehe und keinen kenne, gehe ich halt an irgendeinen Tisch zu Menschen, die ich noch nicht kenne. Über den dort erfolgten Austausch kriege ich oft ergänzende E-Mails nach dem Motto: Was ich noch erzählen wollte. Diese nachgelagerte E-Mail, das wurde früher nicht gemacht. E-Mails sind für mich nach wie vor prägend. Der Chat-Mechanismus dagegen nervt. Da bin ich dann wieder sehr konservativ. Ich finde es schon gut, in einem ganzen Satz mal zu sagen, was das Problem ist. Und nicht nur im Chat zu blubbern. Dann kann man darüber nachdenken, wo die Lösungsoption liegt. Unternehmen können nur so funktionieren. Es muss immer mal wieder jemanden geben, der ein Problem im Ansatz aufschreibt. Chatten ist Zeitverschwendung.

Das Festhalten an traditionell übernommenen Arbeitswei-
sen ist für Joachim Breuer ein nicht zu unterschätzendes
Hindernis auf dem Weg zu mehr Digitalisierung in der
Arbeitswelt:

> Wir schaffen es z. B. bis heute nicht, zu allen Gremien-
> sitzungen die Sitzungsunterlagen ausschließlich digital
> zuzusenden, obwohl wir das in den meisten Sitzungen
> praktizieren. Es sind halt immer noch Personen dabei,
> die alles ausgedruckt haben wollen. Wir hatten bis vor
> fünf Jahren noch Personen, die nicht einmal eine E-Mail-
> Adresse hatten. Das ist aber vermutlich eher eine Genera-
> tionsfrage als eine Frage der Unternehmensstruktur. Mit
> manchen lässt sich auch nicht über einen Blog oder Twit-
> ter diskutieren, denn sie haben diese Worte nur von ihren
> Enkeln gehört.

In einem Punkt allerdings ist auch Joachim Breuer ein
überzeugter Anhänger der klassischen Methode: „Im Verband sind wir über drei Standorte verteilt und machen
viele Videokonferenzen. Trotzdem reisen wir zu den Abtei-
lungsleiterbesprechungen und treffen da direkt zusammen.
Dafür gibt es keinen Ersatz, sondern eher noch ein größeres Bedürfnis für persönliches Erleben. Das würde ich
auch nicht aufgeben wollen."

Die größte Auswirkung von Digitalisierung sieht er
darin, dass die Bindung an einen Arbeitsplatz wesentlich geringer geworden ist. Wobei das eher für die Träger
als für den engeren Verband gilt. Breuer: „Die Berufsgenossenschaften haben in den letzten Jahren viele Arbeitskräfte ausgelagert und Heimarbeitsplätze gemacht. Das ist

auch nachvollziehbar, denn man hat eine relativ einfache Arbeitskontrolle etwa durch Fallzahlen. Viele nutzen ein Modell, bei dem die Mitarbeiter vier Tage in der Woche draußen sind und an einem Tag in den Betrieb kommen."

Franz Knieps sieht in dem von ihm verantworteten Dachverband die digitalen Kommunikationsformen längst als absolut dominierend an: „Per Brief kommen nur noch Einladungen, Klagen oder Schreiben vom Gericht. Fast alle andere Kommunikation läuft per E-Mail. Das Gleiche gilt für Informations-Generierung. Der traditionelle Weg in die Bibliothek findet quasi nicht mehr statt. Die Dinge, die hier im Büro stehen, sind noch Print. Aber alles andere – die Recherche, die Suche – läuft über das Netz."

Mit Blick auf eigene berufliche Zukunftsvisionen, die durch digitale Möglichkeiten befeuert werden könnten, sagt er:

> Die Selbstverwaltungs-Kollektivvertragsstruktur ist nur durch neue Methoden aufzubrechen. Im großen politischen Bereich bin ich dafür, die sektorale Steuerung abzuschaffen. Ich will keine getrennte ambulante Bedarfsplanung und keine Krankenhaus-Bedarfsplanung mehr. Ich will auch kein unterschiedliches Abrechnungssystem für Ärzte und Krankenhäuser. Ich will nur noch ein Abrechnungssystem. Auch da kann man durchaus differenzieren. Ein Hausarzt wird sehr viel stärker pauschaliert, möglicherweise sogar ohne Inanspruchnahme bezahlt, ein Facharzt sehr viel stärker bezogen auf die Einzelleistung. Aber ich will das Gleiche bezahlen – ob das von einem niedergelassenen Facharzt gemacht wird oder an einem Krankenhaus.

Disziplin beim Einsatz moderner Kommunikationsmittel im Hinblick auf die Mitarbeiter empfiehlt auch Florian Bieberbach:

> Zum Einsatz von IT als ein Arbeits-, Steuerungs- und Arbeitskultur prägendes Mittel gibt es bei uns keine formalen Regeln, und wir haben auch keine speziellen Regelungen dazu getroffen. Wir versuchen den richtigen Umgang vorzuleben. Im Normalfall würde ich nie einem Mitarbeiter am Wochenende eine E-Mail schicken und am selben Tag eine Antwort haben wollen. So etwas passiert schon mal, aber nur in wirklichen Krisensituationen. Wenn man seine Arbeit ordentlich organisiert, kann man dafür sorgen, dass eine Interaktion zwischen den Leuten zwischen Montagmorgen und Freitagabend stattfindet.

Eher skeptisch schätzt der studierte Informatiker Bieberbach die Frage ein, ob diese fachliche Herkunft ein entscheidendes Muster für top Karriere-Aussichten in unserer digitalen Zeit ist oder zumindest werden könnte:

> Ich möchte nicht sagen, dass die Welt nur Informatiker braucht. In einer Energiebranche braucht man dauerhaft sehr gute Energiewirtschaftler. Man braucht Leute, die verstehen, wie Energiemärkte funktionieren, wie Kraftwerke funktionieren, warum der Energiepreis sich nach oben oder unten entwickelt und wie er sich vermutlich weiterentwickeln wird, und man muss die Mechanismen dahinter verstehen. Man wird immer gute Kaufleute benötigen, weil ein großer Konzern kaufmännisch geführt werden muss. Und so weiter.

Tanja Gönner pflegt ihren persönlichen Umgang mit den digitalen Hilfsmitteln auf der Basis eines entschiedenen „Jein": „Eine Mischung aus allem würde ich mein Nutzungsverhalten nennen. Ich habe das iPad relativ bald nach Erscheinen mit großer Freude verwendet im Sinne von ‚nicht zu viel Papier'. Trotzdem bin ich nach wie vor ein überzeugter Papiermensch. Das sinnvolle Zusammenwirken der unterschiedlichen Möglichkeiten ist für mich das Spannendste. Digitalisierung darf nicht Selbstzweck sein, sondern muss unterstützend wirken."

Sie würde eine differenzierte Auseinandersetzung zwischen den Themen „Totale Begeisterung" und „Wo sind Begrenzungen und was heißt das" begrüßen: „Denn selbst wenn ich begeisterter Anwender bin, muss der Grundsatz bleiben: Ich wende an. Ich entscheide, wann ich was anwende, wann ich was nutze. Die Souveränität des Nutzers scheint mir wesentlich bei dieser Gesamtdiskussion. Man muss nicht nur die Auswirkungen kennen, sondern auch wissen, wo Grenzen und Begrenzungen liegen, die einem selber wichtig sind."

Digitalisierung hin, Digitalisierung her – am entscheidenden Punkt für seine Branche hat sich bei Frank Briegmann nichts geändert. Er benennt diese Konstante so:

Im Zentrum stehen bei uns immer die Künstler. Sie sind nicht nur das Herz unseres Geschäfts, sondern auch die Basis zukünftigen Erfolgs. Deshalb haben wir selbst in den Krisenjahren zu keinem Zeitpunkt an den Investitionen in neue Talente, andere Branchen würden das F&E nennen, gespart. Stattdessen sind wir neue Wege gegangen und haben uns z. B. in der Administration radikal verschlankt.

Dadurch zählen wir heute zu den flexibelsten und effizientesten Unternehmen der Kultur- und Kreativbranche. Alles Tugenden, die uns übrigens auch bei zukünftigen Herausforderungen helfen werden.

Generell empfiehlt er, sehr genau darauf zu achten, was Hype und was das Geschäftsmodell ist, das den Umsatz bringt. Briegmann:

Wir sind sehr innovationsfreudig, aber nicht rechenschwach. Selbst in der größten Hurra-Stimmung haben wir immer geschaut, wo liegen die besten Chancen für unsere Künstler und uns, welches Modell steht auf einem stabilen Fundament und welche Geschäftsfelder sind am Ende des Tages profitabel. Fail fast, fail often. Wir haben vieles getestet und auch schnell den Stecker gezogen, wenn wir sahen, das wird nichts. Auf diese Weise haben wir vielleicht manchen Fehler gemacht, aber eben auch die Businessmodelle identifiziert, die heute unser Wachstum tragen und um die uns viele beneiden.

Das Profil des neuen CEO, der unsere digitale Welt bespielt, beschreibt er so:

Der Trend geht weg vom patriarchalen, ‚allwissenden‘ Alphatier, hin zum vielschichtigen, delegierenden Lenker. Wer als CEO erfolgreich führen will, muss Macht abgeben, Teams mit aufeinander abgestimmten Expertisen zusammenstellen und ihnen in ihren Bereichen Verantwortung übertragen – und damit natürlich auch stärker ins Risiko gehen. Das ist aus meiner Sicht alternativlos. Offenheit für innovative Technologien, die effektive

Analyse von Daten und das Einbinden von Potenzial und Kreativität der Menschen sind in der digitalen Zukunft unerlässliche und wertvolle Pfeiler, auf denen ein Unternehmen steht.

Sicherheit, Veränderung und Industrie 4.0

Das Stichwort Sicherheit greift Birgit Roos auf:

Im Hinblick auf die Privatkunden gehen wir im Moment einen schwierigen Weg. Das Sparkassen-Geschäftsmodell lebt bisher sehr stark vom Filial-Vertrieb, vom Service, der auch in der Fläche nachgefragt, angenommen und bezahlt wird. Wir merken natürlich, dass unsere Kunden zunehmend eben nicht mehr in die Filiale gehen und stattdessen online unterwegs sind. Das ändert die Wertschöpfungskette extrem. Wir haben also zunehmend Kunden, die den einfachen Service selbst erledigen, online, und bei Fragen rund um ihr Konto auch gar nicht mehr von uns erwarten, dass das Menschen machen. Gleichzeitig erwarten sie aber von uns, dass die digitale Technik funktioniert. Wir kommen hier zu dem Thema Sicherheit. Wir müssen unseren Kunden garantieren, dass Daten-Sicherheit bei uns an höchster Stelle steht. Im Gegensatz zu den anderen, den PayPals dieser Welt, die damit ganz anders umgehen. Gleichzeitig wollen unsere Kunden, wenn der Service digitalisiert ist, dass wir unabhängig davon bei komplexeren Themen als Menschen zur Verfügung stehen. Dass wir insgesamt quasi ein Gesamtpaket zur Verfügung stellen. Das sind diese abgegriffenen Wörter von Multikanal und

Vernetzung. Das umschreibt aber genau die Herausforderung, die wir zurzeit zu bestehen haben.

Vor diesem Hintergrund erwähnt sie eine Aktion, die vor etwa zwei Jahren angelaufen ist:

Veränderungsmanagement. Das eine, Digitalisierung, kann man von dem anderen nicht trennen. Bei diesem Projekt werden wir extern begleitet und verfolgen eine spezielle Philosophie: Einfach mal machen. Auch hier bin ich persönlich betroffen und habe diesen Ansatz von den Auszubildenden gelernt. Das hing zunächst noch gar nicht mit Digitalisierung zusammen. Wir haben jedoch beobachtet, dass sich das Verhalten von Menschen entscheidend verändert hat. Auch da müssen wir schauen, ob wir schnell genug sind, um unseren Kunden zu folgen. Hier sind die jungen Leute ebenfalls immer wieder ganz wichtig. Sie geben uns Impulse und haben gezeigt, wie erfolgreich es ist, wenn man sie einfach mal machen lässt. Und sie verlieren nie aus dem Blickfeld, dass das am Ende auch unternehmerisch erfolgreich ist. Innerhalb dieses Projektes geht es auch um Vernetzung im Unternehmen, hierarchie- und bereichsübergreifend. Das müssen wir noch stärker üben, weil es noch nicht typisch für eine Sparkasse ist. Da sind wir mittendrin, und es ist auch nicht nur schön. Denn es gibt natürlich auch Menschen, die damit nicht gut umgehen können.

Ein spezielles technisches Problem in diesem Kontext umreißt Maria Krautzberger:

Im Zusammenhang mit sicherheitsrelevanten Fragen ist die Betreuung mobiler Endgeräte ein schwieriges Thema. Hier müssen wir berechtigte Sicherheitsanforderungen und eine zeitgemäße IT-Nutzung in Einklang miteinander bringen. Das ist nicht einfach. Wir brauchen als wissenschaftliche Behörde, die den Mitarbeitern ermöglichen will, Beruf und Privatleben zu verbinden, mobile Endgeräte. Die Sicherheit darf dabei nicht der Hemmschuh sein, der über allem steht.

Zum Stichwort Industrie 4.0 und Digitalisierung zeigt sich Michael Vassiliadis grundsätzlich zufrieden damit, dass überhaupt eine breitere Diskussion über einzelne Unternehmen hinaus zu diesem Thema angelaufen ist:

Zwar sind die häufig mit Labels ausgestattet, die Pros und Cons haben, sie sind manchmal missverständlich – aber immerhin reden Wirtschaft, Politik und am Ende auch Gewerkschaften sowie ein größeres Umfeld der Gesellschaft darüber. Wenn man das dann direkt vergleicht mit dem Stellenwert in den USA, dann fällt einem schon auf, dass es in Deutschland doch eigene Formen hat. Aber ich will nicht die These aufmachen, dass wir laid back sind. Ich freue mich darüber, dass die Problematik diskutiert wird.

Eine Gefahr sieht er allerdings darin, dass in Deutschland so etwas gern gleich formatiert wird. Natürlich müsse man die Thematik irgendwie sortieren, greifbar machen. Vassiliadis: „Ich glaube jedoch, der Versuch, alles auf eine Formel zu bringen, ist ein bisschen schlank." Dies nämlich könne dazu führen, dass der unternehmerische Blick eingeengt wird. Vassiliadis:

> Da sind wir bei der Frage, was Digitalisierung sozusagen außerhalb des Werkszauns bewirkt. Es ist schon eine Herausforderung, sich bei den digitalen Möglichkeiten und Chancen auf dem Laufenden zu halten. Als Gewerkschafter hat man den Vorteil, dass man sich ziemlich breit in verschiedenen Branchen bewegt. Wer da die Augen aufmacht, kriegt zumindest mit, was passiert. Was nicht heißt, dass man mitkriegt, was passieren müsste. Dieser übergreifende Blickwinkel ist ein großer Vorteil, und wir nutzen das auch sehr systematisch insgesamt im Hause. Wir haben zu den Unternehmen ein sehr sozialpartnerschaftliches Verhältnis. Das bedeutet, wir kommen in einem Stadium bereits früh an Informationen, während die Unternehmer selbst noch darüber nachdenken. Wir können also schon relativ genau sagen, wo die stehen.

Jörg Hofmann kommt bei der Thematik Digitalisierung und Industrie 4.0 zu diesem Fazit:

> Meiner Erfahrung nach ist die Geschwindigkeit bei der Entwicklung der einzelnen Prozesse nicht so schnell, dass sich die Zentrifugalkraft entscheidend bemerkbar macht. Im Gegenteil. Man jammert schon vorher, dabei könnte man es durchaus mit der Geschwindigkeit aufnehmen. Ich habe manchmal den Eindruck, das Stöhnen über die angebliche Geschwindigkeit ist dem Hype von Industrie 4.0 geschuldet. Und dass sich manch großer Unternehmensführer das Leben ein bisschen zu leicht macht, statt sich in die konkreten Niederungen zu bewegen und

zu hinterfragen, wie er die Anforderungen konkret im Betrieb umgesetzt bekommt.

Andererseits dürfe man den Geleitzug der bislang gepflegten Sozialpartnerschaft nicht auseinanderbrechen lassen: „Sonst braucht man mit Industrie 4.0 nicht zu beginnen. Denn diese Entwicklungen setzen noch mehr als vorher darauf, dass die Kooperation funktioniert. Die Digitalisierung der Arbeitswelt muss in ordentlicher Manier passieren. Wir müssen dafür die heute vorhandenen Qualifikationen in den Betrieben fortentwickeln und auf ein Miteinander und eine breite fachübergreifende Kompetenz aufbauen."

Für Hofmann steht fest:

Es gibt für die deutsche Industrie keine Alternative zu Industrie 4.0, denn die Digitalisierung der Arbeitswelt wird voranschreiten. Für uns ist es nun die Frage, sind wir Produzenten von Automatisierungs-Technologie und schaffen dadurch Beschäftigung oder werden wir zu Opfern einer Automatisierung-Technologie. Es hilft nichts, darüber zu sinnieren, was unter dem Strich stehen wird. Tatsache ist: Wenn man nicht aktiv und mit zum Gestalter wird, sind Tausende von Arbeitsplätzen bei den Maschinenbauern und Prozessherstellern gefährdet. Deshalb haben wir ein großes Interesse daran, gut vorbereitet zu sein.

Ein zweiter Punkt leite sich aus dem ersten ab. Jörg Hofmann:

Selbst wenn wir eine ausgeglichene Beschäftigungsbilanz erzielen, werden sich gravierende Veränderungen in der Qualifikationsstruktur vollziehen. Auch werden sich die Qualifikationsanforderungen ändern. Es ist keineswegs so, dass wir die anstehenden Aufgaben nicht prinzipiell gut leisten könnten. Es ist aber so, dass die zeitliche Dynamik deutlich höher sein wird als bei Technologie-Schüben, die wir in der Vergangenheit erlebt haben. Diese sind immer über Generationen in einem Betrieb abgelaufen. Diese intergenerationelle Qualifikationsentwicklung wird es nicht mehr geben. Es wird zukünftig innerhalb einer Generation die Notwendigkeit bestehen, sich auf grundlegende neue Anforderungen in seinem beruflichen Umfeld einzustellen. Darauf ist unser Ausbildungs- und Weiterbildungssystem derzeit noch nicht vorbereitet.

Nach seiner Überzeugung kommt ein weiterer Punkt hinzu, den Hofmann für das größte Risiko hält:

Die Wertschöpfungskette könnte zwischen den innovativen Vorreitern und mittelständischen Unternehmen, die sich in ihrer behäbigen Selbstgefälligkeit noch zu Tode gefallen, auseinanderbrechen. Wenn dieses enge Netzwerk zwischen Mittelstand und Großindustrie auseinanderbricht, halte ich das für das größere Beschäftigungsrisiko als die Auswirkungen der neuen Technologien. Wenn der Mittelstand sich nicht bald auf den Weg macht, wird es schwierig. Die Falle, die an dieser Stelle lauert, liegt darin, dass sich das Front-End weiterentwickelt, ein Teil des Mittelstandes sich von dieser Entwicklung aber abkoppelt.

Eine wichtige Forderung an die Politik äußert Eberhard Veit. Er stellt fest:

> In Zusammenhang mit der Digitalisierung hat die Politik neben der Aus- und Weiterbildung, der Infrastruktur wie Datennetzausbau und weiteren Themen wie etwa Sicherheitsstandards bereits jetzt eine Menge Arbeit zu bewältigen. Aber es gibt noch eine weitere ganz große Aufgabe im Hinblick auf Standardisierungsfragen. Um hier zu Lösungen zu kommen, muss bei den verschiedenen Teilnehmergruppen eine hohe Disziplin vorhanden sein. Es ist nämlich relativ schwierig, wenn Firmen wie HP, IBM und SAP am Tisch sitzen und über Standards sprechen müssen, die in einer Industrie-4.0-Plattform sind, um gleichzeitig auszublenden, was in ihrer Firma am meisten gewünscht wird. Hier muss die Politik als Regulativ wirken.

Insgesamt gesehen sei bei der Lösung dieser Aufgabe Neutralität erforderlich. Es dürfe nicht passieren, dass eine Firma ihre Standards, ihre Unternehmens- und Produktpolitik durchsetzt. Und an dieser Stelle werde die Politik eine entscheidende Rolle spielen müssen. Veit:

> Das wäre so ein bisschen das letzte Wort: Vergesst mal eure Herkunft und wer euch das tägliche Brötchen zahlt und einigt euch auf das, was richtig und wichtig für diese Technik ist. Es geht darum, Entscheidungen zu treffen, die dabei helfen, den Standort Deutschland oder die Technologie von Europa nach vorn zu bringen. Hierfür notwendige Maßnahmen sind manchmal leider nicht geeignet, die Popularität von Politikern zu steigern. Deshalb sehe ich an dieser Stelle die Gefahr, dass sie zu sehr darauf achten könnten, in der Wählergunst nicht zu verlieren.

Digital Leadership: Die Ära der Diversität in der Führung? Der Versuch einer Typologisierung

Zusammenfassung Dieses Kapitel zieht ein Fazit. Es unternimmt den Versuch einer Typologisierung, einer Einordnung der interviewten CEOs in 6 Typen, von „Frühen ‚Natives'" über „Analytiker und Verstehenwoller" bis hin zu „Schnellen Pragmatikern". Moderatoren des Prozesses („Leading from behind"), visionäre Führungskräfte („Leading from the front") sowie die selteneren IT- und Technologiefachleute runden das Bild ab. Hierbei besteht kein Anspruch auf Vollständigkeit. Es sollten vielmehr Muster und Gemeinsamkeiten der sehr vielfältigen CEO-Persönlichkeiten herausgearbeitet werden. Zum Abschluss werden einige Veränderungen beschrieben, die sich im Führungsverhalten durch Digitalisierung ergeben. Welche Typen von CEOs werden wichtiger, welche Profile gefragter? Welche Chancen ergeben sich daraus für Generalisten und Quereinsteiger?

© Springer-Verlag Berlin Heidelberg 2017
M. Klimmer und J. Selonke, *#DigitalLeadership*,
DOI 10.1007/978-3-662-50533-5_7

Bei 31 Interviews ist die Versuchung groß, Muster erkennen zu wollen. Gibt es typische Angänge, vielleicht sogar eine Typologie? Oder führt der Versuch, 31 sehr individuelle Digitalisierungsgeschichten zu typologisieren, zu kurz, weil es zwar zu knackigen oder sogar reißerischen Überschriften führt, darunter aber nicht so erkenntnisreich ist wie eben 31 individuelle Geschichten?

Diese Typen scheinen unter unseren Interviewpartnern vorherrschend:

- **Frühe „Natives"** – charakterisiert durch hohe Technologieaffinität, IT-Verständnis, „Super User" von allen technologischen Neuerungen, immer selbst vorne dran sein.

- **„Analytiker und Verstehenwoller"** – charakterisiert durch den „Ingenieurs-Approach", erst einmal alles analytisch sauber zu durchdringen, so viel wie möglich auch auf der Detailebene zu verstehen, sodann dem Ganzen eine Struktur zu verpassen und auf Basis möglichst vollständiger Information zu entscheiden.

- **„Leading from behind":** Moderatoren und Ermöglicher, die das Know-how im Unternehmen oder in der Organisation ohne Rücksicht auf Hierarchien zusammenführen und ihre Rolle eher als „Challenger" und in der Synthese sehen.

- **„Leading from the front":** charakterisiert durch visionäre Führungskraft, beispielhaftes Vorangehen, jeden Tag draußen bei Kunden und Belegschaft, oft gepaart mit großem öffentlichem Profil.

- **Schnelle Pragmatiker:** „**Slicing the elephant**" – charakterisiert durch ganz „undeutsche" Tugenden ... Experimentieren, Pilotieren, aber auch schnelle Stopp-Entscheidungen bei mäßigen Fortschritten oder gar Misserfolgen. Wenn Digitalisierung ein Elefant ist, dann kann man ihn bisher nur in Umrissen erkennen. Und anstatt zu warten, bis der Elefant ganz sichtbar ist, warum ihn nicht scheibchenweise realisieren und später ganz zusammensetzen?

- **IT- und Technologiefachleute:** Gemeint sind diejenigen, die über eine Karriere als Fachkraft in den Technologie- und IT-Bereichen zur Führungskraft aufstiegen, charakterisiert durch ein sicheres Gespür, um zwischen Hype und Substanz unterscheiden zu können. Allerdings ist diese Gruppe mit nur zwei CEOs eindeutig die kleinste.

Die Grenzen sind natürlich fließend. Und sicher würden sich einige unserer Interviewpartner gleichzeitig in mehreren Typen wiedererkennen. Oder auch in keinem.

Veränderungsmuster im Führungsverhalten

Hand aufs Herz: Sind diese Typen „Digital Leadership"? Oder sind das nicht doch allgemeine Führungstypen, die im Kern nichts mit Digitalisierung zu tun haben? Nicht ganz, meinen wir, denn wir sehen Veränderungen in sechs Mustern:

- **Neue Typen treten hervor oder werden merklich wichtiger:** Die schnellen Pragmatiker mit Mut zu Misserfolg und Experiment gab es in dieser Form vor der Digitalisierung kaum. Oder sie waren nicht immer so gefragt wie jetzt.

- **Einige Typen sind in der Digitalisierung erfolgreicher, ihre Vertreter als Führungskräfte gefragter:** die Ermöglicher, die neugierigen Mentoren mit gering ausgeprägtem Hierarchiedenken, die „Zusammenbringer" – wir haben uns in der Typologisierung der wenig schmeichelhaft klingenden Bezeichnung „leading from behind" angeschlossen. Aber wenn die Betonung auf „leading", nicht auf „behind" liegt, dann ist dies eine derzeit sehr gefragte und auch erfolgreiche Führungsform. Viele Führungskräfte kokettieren ja noch immer damit, doch alles nur von ihren Enkeln zu lernen. Gerade ihnen gelingt es aber oft, mit Neugierde und Offenheit einen sehr authentischen und effektiven Führungsstil in der Digitalisierung einzuschlagen. Ihre Stärken sind in der Digitalisierung mit ihrer oft starken Interdisziplinarität und der Integration „neuer" und „alter" Kulturen besonders gefragt.

- **Führungswandel bei Führungskräften:** Viele der Interviewpartner kennen wir schon länger. Und wir sind positiv überrascht: Ihr Wandel ist beträchtlich. Ganz klare „Visionary Leaders" entdecken eine neue Offenheit an sich, sie agieren jenseits gewachsener Hierarchien und suchen die Nähe zu den „Natives". Sie legen äußerlich und innerlich die Krawatte ab. Vertreter der Ermöglicher-Kategorie nähern sich in interdisziplinären Teams dem Digitalthema, entdecken es voll und ganz für sich, gewinnen neue Sicherheit und entwickeln sich zu „Visionary Leaders" – wie schön, dass dies auch in keinster Weise eine Frage des Alters ist! Und IT-Fachkräfte entdecken, dass sie sehr wohl gesamtunternehmerisch etwas beizutragen haben – jenseits des nur sporadisch hinzugezogenen Experten.

- **Neue Chancen für Fachkräfte als Führungskräfte:** Die Fakten sprechen noch nicht ganz dafür. Aber in den Gesprächen dringt es immer wieder einmal durch. Und wir wagen es daher als Hypothese zu formulieren: Digitalisierung kann Fachkräften zum Durchbruch verhelfen, denen der Weg als Führungskraft nach ganz oben bislang oft verschlossen blieb. Es liegt auf der Hand, dass dies vor allem IT- und Technologiemanager betrifft. Ihre Fachlichkeit ist jetzt gefragt, wenn sie bereit sind, aus den Silos herauszutreten. Das ist ihre Chance. Es ist aber auch die Chance der Unternehmen, dieses Führungskräftepotenzial zu nutzen und zu entwickeln. Oder sollten unsere IT-Manager solche „Nerds" sein, dass man ihnen eine breitere Führungskompetenz nicht zutraut? Früher unterlagen die CFOs ja ähnlichen Vorurteilen – und dann waren sie zu Zeiten des Shareholder Value auf einmal ganz besonders gefragt und haben den Durchbruch geschafft. Die Digitalisierung ermöglicht nun breiter aufgestellte Führungskarrieren. „Niemanden zurücklassen", das kennen wir bisher eher als politische Forderung aus der Bildungspolitik. Im Kontext der Digitalisierung bekommt es eine andere Dimension: Erfolgreiche Organisationen dürfen kein Führungskräftereservoir unangetastet und unentwickelt lassen. Dies betrifft neben den IT- und Technologiemanagern auch die Kaste der Personal- und HR-Manager. Gerade sie sind oft erprobte „Zusammenbringer", die mangels direkten Durchgriffs in die Unternehmensbereiche und Divisionen das indirekte Führen über Dritte gelernt haben. In der Digitalisierung wird aus der Not eine Tugend!

- **Neue Chancen für Generalisten:** Von vielem etwas verstehen, vor allem aber von nichts wirklich etwas verstehen – das ist heute anscheinend die vorherrschende Meinung über Generalisten. Bei näherem Hinsehen weicht dieses Statement aber schon auf. Wie sonst ließe sich der Erfolg der ehemaligen Unternehmensberater auf den Managementetagen erklären? Als Allzweckwaffe ausgebildet, füllen sie genau das Vakuum, das die Führungskräfteentwicklung in vielen Unternehmen und Organisationen mitverschuldet: blitzschnell neue Situationen und Herausforderungen verstehen, in Teams an Lösungsoptionen arbeiten, sich das Thema analytisch aneignen, und dann beherzt anpacken und führen. Gibt es wirklich keinen anderen Weg der Führungskräfteentwicklung, als immer wieder Berater zu Managern zu machen? Schnelle Veränderungen, die gewohnte Denk- und Handlungsmuster auch noch sprengen – braucht es dafür nicht auch Allzweckwaffen?

- **Neue Chancen für Seiteneinsteiger:** Seiteneinsteiger im Top-Management ist bisher die Domäne der Top-Managementberater. Wir sehen einen großen Influx an Seiteneinsteigern über „Digitale Plattformen" oder „Digital Units" – oft aber noch jenseits des Mainstreams. Die „Infiltration" des Mainstreams sehen wir insbesondere bei unseren Interviewpartnern aus dem Beratungs- oder beratungsnahen Gewerbe. Viele unserer Interviewpartner sehen die große Herausforderung und Chance darin, aus dieser Zufuhr an Frischblut mehr zu machen als digitale Satelliten in Berlin oder im Silicon Valley mit begrenztem Kontakt zur „Bodenstation". Da ist gerade etwas im Entstehen. Es ist aktiv auf dem Radarschirm unserer Gesprächspartner.

Zusammenfassend werden die Arten von Führung in digitalen Zeiten weniger übersichtlich und gleichförmig. Die inhaltlichen Herausforderungen werden zusätzlich vielfältiger. Neben der Fachlichkeit der eigenen Industrie sind vermehrt auch Technologie- und Personalthemen stärker auf die Agenda der CEOs gerückt.

31 CEOs – Knappe Aussagen von A bis Z

Zusammenfassung In diesem Kapitel finden sich, sortiert von A wie „Adaption" bis Z wie „Zukunft", ausgewählte knappe Zitate der 31 CEOs.

A: Adaption, Alternative, Anfang, Angelpunkt, Aufsichtsrat

„Das Adaptieren und das Zulassen der kompletten digitalen Durchdringung stoßen bei uns immer noch auf Vorbehalte." *Michael Vassiliadis*

„Für die deutsche Industrie gibt es keine Alternative zu Industrie 4.0." *Jörg Hofmann*

© Springer-Verlag Berlin Heidelberg 2017　　　**235**
M. Klimmer und J. Selonke, *#DigitalLeadership,*
DOI 10.1007/978-3-662-50533-5_8

„Die Digitalisierung steht noch immer am Anfang. Sie markiert den radikalsten wirtschaftlichen und gesellschaftlichen Wandel seit der Industrialisierung und erfordert eine tiefgreifende Weiterentwicklung der Organisation und der Mitarbeiter." *Frank Briegmann*

„Der Dreh- und Angelpunkt für die Digitalisierung ist immer noch der Kunde mit seinen Erwartungen und Bedürfnissen." *Pascal Laugel*

„Aufsichtsräte, die Digitalisierung wirklich verstehen, haben wir nicht genug." *Frank Riemensperger*

B: Berater, Bereich, Bezahlung

„Der Verkaufsprozess eines Beraters oder Maklers ist ohne digitale Unterstützung heute gar nicht mehr möglich." *Frank Karsten*

„Wir haben oft Schwierigkeiten, qualifiziertes Personal im IT-Bereich zu gewinnen. Hier muss man deshalb auch über neue Wege nachdenken." *Maria Krautzberger*

„Nur eine Firma mit gutem Image bekommt gute Bewerber. Das gilt auch dann, wenn die Bezahlung nicht die im Markt höchste ist." *Tanja Wielgoß*

C: CEO, Change, Chat, Computer

„Wer sich als CEO im Hamsterrad fühlt, getrieben vom Alltag, macht etwas grundlegend falsch." *Timotheus Höttges*

„Change geht auch im öffentlichen Sektor und ist essentiell." *Tanja Gönner*

„Der Chat-Mechanismus ist für mich tierisch nervig." *Johann Bizer*

„Meine Diplomarbeit habe ich noch auf der Schreibmaschine geschrieben, die Promotion schon auf dem Computer." *Michael Kaschke*

D: De-Mail, Deutschland, Digital, Digitalisierung, Disruption

„Das De-Mail-Thema ist so tot, wie nur irgendwas tot sein kann, trotz riesiger Investitionen." *Frank Karsten*

„Was Deutschland besonders kann, ist die digitale Verbindung von Cyber-Physik und Produkt und Talent." *Frank Riemensperger*

„Deutschland hat keine Rohstoffe. Der einzige Rohstoff, den wir haben, ist unser Know-how, unser Wissen."
Eberhard Veit

„Was ist digital? Null und Eins." *Martina Koederitz*

„Digitalisierung bedeutet mehr als E-Commerce." *Rada Rodriguez*

„Der größte Vorteil einer Digitalisierung im Gesundheitsbereich liegt in der Auswertung der Daten." *Stefan Oelrich*

„Grundsätzlich kommt die digitale Disruption so schnell, dass viele Firmen einfach schlecht vorbereitet sind."
Karl-Heinz Streibich

E: Entscheidung, Ersatz

„Auch für die Frage, wie wir unsere Arbeitsmarktprogramme richtig einsetzen, liefern digitalisierte Daten heute die Entscheidungsgrundlage." *Frank-Jürgen Weise*

„Die nächste Stufe ist nicht mehr der Ersatz von handwerklicher Arbeit durch Technik, es ist der Ersatz von Entscheidungen durch Technik." *Michael Vassiliadis*

F: Fachverkäufer, Fehlertoleranz, Format

„Wir stehen vor der Rückkehr des Fachverkäufers." *Christoph Vilanek*

„Man muss den Mitarbeitern hinreichende Fehlertoleranz zubilligen, um etwas vorwärtszutreiben." *Frank Appel*

„Dieses klassische Format der Tagesschau, für den einen oder anderen eine trockene Form, hat durchaus etwas, das in der Vielfalt des Internets eine Bedeutung hat." *Lutz Marmor*

G: Gesundheitsdaten, Gesundheitskarte, Gewerkschaftler

„Die Veränderung beginnt ja bereits außerhalb des Krankenhauses: Menschen fangen an, ihre eigenen Gesundheitsdaten zu sammeln und zu dokumentieren. Auch diese Entwicklung wird den Bereich IT und das Gesundheitswesen nachdrücklich verändern." *Eckhard Nagel*

„Ich rede jetzt nicht von der Gesundheitskarte, die ist nämlich technologisch noch nicht im 21. Jahrhundert angekommen." *Stefan Oelrich*

„Der Vorteil eines Gewerkschaftlers gegenüber Unternehmensvertretern ist der, dass er die ganze Welt vor sich sieht und nicht nur seine eigenen vier Wände." *Jörg Hofmann*

H: Herrschaftswissen, Hierarchie, Hype

„Daten werden als Herrschaftswissen gesehen, und wenn sie einen haptischen Ergänzungseffekt haben, ist das Herrschaftswissen noch größer – man kann halt die Hand auf die Krankenakte legen." *Joachim Breuer*

„Das Thema Führungskultur in Zeiten der Digitalisierung durchdringt den ganzen Konzern und alle Hierarchie-Ebenen und verändert sie." *Timotheus Höttges*

„Den aktuellen Hype finde ich total übertrieben." *Florian Bieberbach*

I: Inhalte, Intelligent, Internet-Zeitalter, IT

„Der Kern unseres Auftrags ist nach wie vor nicht berührt von der Digitalisierung, denn der Kern heißt, gute Inhalte zu produzieren." *Lutz Marmor*

„Die Mitarbeiter möchten intelligente Modelle so anwenden, dass das spürbar wird. Die Enttäuschung entsteht vor allem auch dadurch, dass diese Entlastung nicht gefühlt wird." *Eckhard Nagel*

„Die Tugenden einer starken Marke funktionieren auch im Internet-Zeitalter." *Gabor Steingart*

„Kein Mensch kann sich immer in allen Feldern der IT auf dem Laufenden halten, dafür ist IT zu dynamisch." *Florian Bieberbach*

J: Jahre, Jung

„Ohne IT wären wir verloren gewesen, und ich habe selbst programmiert. Bis vor fünf Jahren lief sogar noch ein von mir geschriebenes Programm, das hat 20 Jahre überdauert." *Erich Sixt*

„Wir merken, dass junge Mitarbeiter sehr stark Wert auf Unternehmenskultur legen." *Birgit Roos*

K: Kasse, Kernwissen, Kundenerlebnis

„Ich kenne keine Kasse, die bereits durchdigitalisiert ist." *Franz Knieps*

„Wir brauchen das ganze Kernwissen im Haus, weil wir 2003 zu der Überzeugung gekommen sind, und das bin ich heute noch: IT ist eine ganz entscheidende Kernkompetenz für Energieversorger." *Florian Bieberbach*

„Bei der Digitalisierung stehen das Kundenerlebnis, neue Erfahrungen mit bestehenden Produkten und begleitenden Services im Mittelpunkt." *Frank Riemensperger*

L: Leadership, Lebensbereich, Lernwillig

„Leadership per se bedeutet auch, ein Thema wie Digitalisierung nach vorn zu bringen." *Tanja Gönner*

„Wir nutzen Technologien, die wir im normalen Lebensbereich etabliert kennen, heute auch für interne betriebliche Zwecke." *Christoph Vilanek*

„Ich brauche viele lernwillige Leute, da die neuen Techniken praktisch jeden Bereich durchdringen." *Gabor Steingart*

M: Machen, Mangel, Mensch, Messe

„Beim Veränderungs-Management verfolgen wir eine spezielle Philosophie: Einfach mal machen." *Birgit Roos*

„Wenn man etwas verändern will, muss man drastisch beschreiben, wo der Mangel liegt." *Franz Knieps*

„Die Grundbedürfnisse der Menschen haben sich durch die Digitalisierung nicht geändert." *Frank Appel*

„Auf Messen bin ich nicht gegangen, das würde ich auch nicht empfehlen." *Tanja Wielgoß*

„Ich glaube nicht, dass durch Digitalisierung Messen überflüssig werden. Im Gegenteil." *Christoph Vilanek*

N: Nachhilfe, Nerd, Nicht-Verantwortlichkeit, Nutzen

„Ich habe im Unternehmen zwei Digital Natives. Mit denen veranstalte ich regelmäßig eine Art Technologie-Workshop. Gewissermaßen als Nachhilfe auf hohem Niveau." *Frank Briegmann*

„Ich war sehr früh ein echter Nerd. Diese Phase des Enthusiasmus ist nun abgeschlossen. Jetzt will ich nur noch wissen, was da ungefähr passiert." *Florian Bieberbach*

„Der Korporatismus schafft so eine Art organisierte Nicht-Verantwortlichkeit." *Franz Knieps*

„Wir verpassen es im Moment, eine positive Diskussion über Nutzen und Mehrwerte zu führen, die diese digitale Veränderung für die Gesellschaft, für die Bürger und damit auch für jeden Arbeitnehmer mit sich bringt." *Martina Koederitz*

O: Offenheit, Optimum, Outsourcing

„Der springende Punkt ist, dass der Führende die Offenheit bewahrt, sich zurücknehmen kann, die einzelnen Leute sich entwickeln lässt, damit sie über sich hinauswachsen." *Karl-Heinz Streibich*

„Das größte Problem bei der Energiewende ist aus meiner Sicht, dass wir weit von einem ökonomischen und ökologischen Optimum entfernt sind." *Alf Henryk Wulf*

„Wenn die Digitalisierung kommt, dann wird auch Outsourcing viel leichter gehen." *Rada Rodriguez*

P: Patientenakte, PayPal, Pillen, Privatsender

„Die Geschichte der elektronischen Patientenakte und des elektronischen Krankenhauses ist von großer Begeisterung und großer Frustration gleichzeitig getragen." *Eckhard Nagel*

„Im Gegensatz zu den PayPals dieser Welt müssen wir Datensicherheit garantieren." *Birgit Roos*

„Wo früher in der Pharma-Branche Pillen gedreht wurden, ist das heute alles computergesteuert." *Stefan Oelrich*

„Ich glaube, dass wir mit unserem Modell weniger gefährdet sind als Privatsender, denn wir leben stark von Informationen." *Lutz Marmor*

Q: Qualifikation, Qualität

„Zur Erfüllung der Qualifikations-Anforderungen ist unser Ausbildungs- und Weiterbildungssystem heute nicht ausreichend vorbereitet." *Jörg Hofmann*

„Im Hinblick auf die Mitarbeiterstruktur treibt uns die Digitalisierung zu mehr Qualifizierung und Spezialisierung." *Christoph Straub*

„Bei einer Wettbewerbssituation wird das Unternehmen gewinnen, das dem Kunden Innovation, Qualität und Sicherheit geben kann." *Rada Rodriguez*

R: Regulierung, Reflex, Reichweite

„Für internetbasierte Modelle langen klassische Regulierungsformen nicht." *Jens Schulte-Bockum*

„Bei neuen Projekten im IT-Bereich ist immer der Reflex da zu fragen, was das an Arbeitsplätzen kostet." *Joachim Breuer*

„In der alten Zeit war man gepolt auf Reichweite. In der neuen Zeit ist es viel entscheidender, dass ich weiß, was meine Kunden im Internet interessiert und was sie lesen." *Gabor Steingart*

S: Schnell, Software, Sorge

„Im Anschlussbereich brauchen wir Glasfaser, so viel es geht und idealerweise schnell." *Alf Henryk Wulf*

„Software ist nur so dumm wie das, was wir an Gescheitem reintun." *Eberhard Veit*

„Wir reagieren in Deutschland häufig eher mit Sorge, als das Positive an einer neuen Entwicklung zu sehen." *Frank Appel*

T: Technologietreiber, Trennung, Twitter

„Wir leben, on the edge' der existierenden physikalischen Welt mit den neuen digitalen Technologietreibern." *Martina Koederitz*

„Fachabteilung und IT müssen ineinander übergehen. Diese Trennung zwischen IT und Fachabteilung muss aufgehoben werden." *Erich Sixt*

„Twitter und Facebook sind für uns ganz wichtige Informationskanäle, über die wir viele und vor allem auch jüngere Menschen besser erreichen." *Maria Krautzberger*

U: Umbruch, Umstellung, Unsicherheit, Unternehmenskultur

„Wir stehen mitten in einem gewaltigen Umbruch, dessen Dimension und Dynamik wir heute noch gar nicht absehen können." *Timotheus Höttges*

„Ich habe am Tag zwei umgestellt auf digitale Vorstandssitzungen, d. h. wir haben die Unterlagen nicht mehr in

Ordnern, sondern auf iPads und einen Direktzugang zu den entsprechenden Systemen vor Ort." *Tanja Wielgoß*

„Manche, die mit dem traditionellen Geschäftsmodell groß geworden sind, betrachten das Neue mit Unsicherheit und haben Angst vor dem Unbekannten, vielleicht sogar vor beruflichen Konsequenzen. Das liegt aber weniger an der Digitalisierung als am menschlichen Wesen und ist eine positiv lösbare Aufgabe." *Frank Briegmann*

„Die größte Herausforderung liegt darin, Unternehmenskultur so zu verändern, dass wir zu einer viel höheren Diskurskultur kommen." *Frank Karsten*

V: Veränderung, Verantwortung, Versicherung, Vorgangsbearbeitung

„Für mich selbst ist IT der dramatischste und gewichtigste Veränderungsprozess in Arbeitsabläufen, den wir überhaupt erleben." *Joachim Breuer*

„Heute kann sich ein Vorstand nicht aus der Verantwortung schleichen, selber auch an der Front der Technologien dabei zu sein." *Eberhard Veit*

„Ich glaube, dass Wettbewerber, die auf Big Data setzen wie Google, Apple & Co., in zehn Jahren am Versicherungsmarkt Einfluss haben werden." *Frank Karsten*

„Unsere größte interne IT-Herausforderung ist die Einführung der elektronischen Vorgangsbearbeitung und Aktenführung." *Maria Krautzberger*

W: Wahrheit, Wechsel, Wind, Werkzeug

„Wenn du die Wahrheit zwischen unterschiedlichen Papieren finden willst, holst du am besten die Teilautoren der Papiere an einen Tisch." *Johann Bizer*

„Wechsel gehört zum Unternehmen dazu. Wer Innovationen nicht vorantreibt, ist verloren." *Erich Sixt*

„Für mich war der Jobwechsel von der Telekommunikation hin zur Energie in der Wahrnehmung wie ein frischer Wind durchs Gehirn." *Alf Henryk Wulf*

„Ich sehe die Digitalisierung mehr als Werkzeug, als Mittel zum Zweck." *Frank-Jürgen Weise*

Z: Zug, Zukunft, Zusammenspiel

„Digitalisierung treibt das Verhalten der Fahrgäste in Zügen. Es ist schlicht nicht mehr durchsetzbar, dass man Züge betreibt, in denen die Kunden keinen ordentlichen Internetzugang haben." *Alf Henryk Wulf*

„Der wirklich wichtige Mittelstand ist in mehrfacher Hinsicht für die Zukunft unter ziemlichem Trouble." *Michael Vassiliadis*

„Das Zusammenspiel sollte also sein, dass Politik sagt, WAS gemacht wird, demokratisch legitimiert, und WIE wir das machen, das entscheiden wir." *Frank-Jürgen Weise*

Unsere Interviewpartner

Zusammenfassung Das Buch basiert auf 31 persönlichen Interviews mit Vertretern der höchsten Führungsebenen in Unternehmen, öffentlichem Sektor und Gewerkschaften. In diesem Kapitel werden die Interviewpartner einzeln vorgestellt.

© Springer-Verlag Berlin Heidelberg 2017
M. Klimmer und J. Selonke, *#DigitalLeadership*,
DOI 10.1007/978-3-662-50533-5_9

1.   Dr. Frank Appel, Vorstandsvorsitzender, Deutsche
     Post AG

Foto: DP AG

2.   Dr. Florian Bieberbach, Vorsitzender der Geschäfts-
     führung, Stadtwerke München GmbH

Foto: SWM

3. Dr. Johann Bizer, Vorstandsvorsitzender, Dataport A. ö. R.

Foto: Dataport

4. Dr. Joachim Breuer, Hauptgeschäftsführer, Deutsche Gesetzliche Unfallversicherung e. V.

Foto: DGUV

5. Frank Briegmann, President & CEO Central Europe,
    Universal Music und Deutsche Grammophon

Foto: Laurence Chaperon

6. Tanja Gönner, Vorstandssprecherin, Gesellschaft für
    Internationale Zusammenarbeit (GIZ) GmbH

Foto: GIZ

7. Jörg Hofmann, Erster Vorsitzender, IG Metall

Foto: IG Metall

8. Timotheus Höttges, Vorstandsvorsitzender, Deutsche Telekom AG

Foto: Thomas Ollendorf

9. Frank Karsten, Vorsitzender der Vorstände der Stuttgarter Lebensversicherung a.G. und Stuttgarter Versicherung AG

Foto: Stuttgarter Versicherung

10. Prof. Dr. Michael Kaschke, Vorsitzender des Konzernvorstandes, Carl Zeiss AG

Foto: Zeiss

11. Franz Knieps, Vorstand, BKK Dachverband e. V.

Foto: BKK

12. Martina Koederitz, Vorsitzende der Geschäftsführung, IBM Deutschland

Foto: IBM

13. Maria Krautzberger, Staatssekretärin a. D., Präsidentin, Umweltbundesamt

Foto: Photostudio D29

14. Pascal Laugel, Vorstandsvorsitzender, TARGOBANK AG & Co. KGaA

Foto: TARGOBANK

15. Lutz Marmor, Intendant, Norddeutscher Rundfunk, zum Zeitpunkt des Interviews auch ARD-Vorsitzender

Foto: NDR/David Paprocki

16. Prof. Dr. Eckhard Nagel, Geschäftsführender Direktor, Institut für Medizinmanagement und Gesundheitswissenschaften der Universität Bayreuth, Mitglied des Aufsichtsrats der Charité, zum Zeitpunkt des Interviews Vorstandsvorsitzender, Universitätsklinikum Essen A. ö. R.

Foto: André Zelck

17. Stefan Oelrich, Coordinator Sanofi Group Europe, zum Zeitpunkt des Interviews General Manager, Sanofi-Aventis Deutschland GmbH

Foto: Sanofi

18. Frank Riemensperger, Vorsitzender der Geschäftsführung – Vorsitzender der Accenture-Ländergruppe Deutschland, Österreich und Schweiz

Foto: Accenture

19. Rada Rodriguez, Vorsitzende der Geschäftsführung und Zone President Germany, Schneider Electric GmbH

Foto: Schneider Electric

20. Dr. Birgit Roos, Vorstandsvorsitzende, Sparkasse Krefeld A. ö. R.

Foto: Sparkasse Krefeld

21. Jens Schulte-Bockum, zum Zeitpunkt des Interviews Vorsitzender der Geschäftsführung, Vodafone GmbH

Foto: Vodafone

22. Erich Sixt, Vorstandsvorsitzender, Sixt SE

Foto: Sixt SE

23. Gabor Steingart, Vorsitzender der Geschäftsführung, Verlagsgruppe Handelsblatt

Foto: Lena Boehm

24. Dr. Christoph Straub, Vorstandsvorsitzender, Barmer GEK

Foto: Barmer

25. Karl-Heinz Streibich, Vorstandsvorsitzender, Software AG

Foto: Software AG

26. Michael Vassiliadis, Vorsitzender, IG Bergbau, Chemie, Energie

Foto: Helge Krückeberg

27. Dr. Eberhard Veit, zum Zeitpunkt des Interviews Vorstandsvorsitzender, Festo AG

Foto: Festo

28. Christoph Vilanek, Vorstandsvorsitzender, freenet AG

Foto: Freenet

29. Frank-Jürgen Weise, Vorstandsvorsitzender, Bundes-
    agentur für Arbeit, zum Zeitpunkt des Interviews auch
    Leiter des Bundesamtes für Migration und Flüchtlinge

Foto: BfA

30. Dr. Tanja Wielgoß, Vorstandsvorsitzende, BSR – Berliner
    Stadtreinigungsbetriebe A. ö. R.

Foto: Thomas Kierok

31. Alf Henryk Wulf, Vorstandsvorsitzender, GE Power AG, zum Zeitpunkt des Interviews Vorsitzender des Vorstands, Alstom Deutschland AG

Foto: GE Power

Printed in the United States
By Bookmasters